今日からできる！

Sustainable Development Goals

小さな会社のSDGs《エスディージーズ》

村尾隆介

事例がいっぱいで
すぐわかる！
アイデアBOOK

青春出版社

はじめにの
はじめに

▼

今さら聞けないSDGs!? ここに3分でわかる説明を

最近、右ページのバッジをジャケットに着けている人を見かけませんか？

企業勤めの人も、行政で働く人も、医療機関や教育機関の関係者も、実に多くの方々がつけているので、この後ちょっとまわりを見渡してみてください。

そして今夜はＴＶのニュース番組でも、政治家の服装に注目してみてほしいです。

このバッジが胸に輝いているのを見つけられたら、指さしてこうつぶやきましょう。

「あっ、ＳＤＧｓバッジだ！」

バッジには大小サイズがあって、写真からはわかりませんが実際はカラフルです。

17色で織りなされ、それぞれの色が示すのは〝世界をよりよくするためのゴール〟。

その17のゴールをＳＤＧｓ（エス・ディー・ジーズ）といいます。

〈Sustainable Development Goals〉の略で、最後の小さな「s」はゴールズと複数形だから付いています。訳すと「サステイナブルな開発目標」となりますが、それでは「何のこっちゃ？」となりますよね!?

「サステイナブル」は「持続可能」ということ。要は「世界各地にある問題を解決しながら、経済発展や開発を共にしていこう。今やらないと地球が持続できるかどうかの瀬戸際だから…」という話です。

あらゆる格差に、はびこる差別。各地の紛争に、ジェンダーの不平等。急激な気候変動や海と陸の資源の枯渇…、このままでは世界は本当にヤバいと国連が考え、企業や自治体、オトナと子どもを合わせた個人も巻き込み、「一緒に世界の課題を解決しませんか？」となりました。

２０１６年にスタートし、プロジェクトの終わりは２０３０年。

およそ15年をかけて世界規模で共有する目標です。

その目標が17個にジャンル分けされていて、やはりカラフルな四角いブロックで表現されています。さっきのバッジと同じように、このデザインも街角やメディアで、最近よく見かけると思います。

ちなみに、このデザインは世界共通。これは、その日本語版です。

SUSTAINABLE
DEVELOPMENT
GOALS
1 貧困をなくそう
2 飢餓をゼロに
3 すべての人に健康と福祉を
4 質の高い教育をみんなに
5 ジェンダー平等を実現しよう
6 安全な水とトイレを世界中に
7 エネルギーをみんなにそしてクリーンに
8 働きがいも経済成長も
9 産業と技術革新の基盤をつくろう
10 人や国の不平等をなくそう
11 住み続けられるまちづくりを
12 つくる責任つかう責任
13 気候変動に具体的な対策を
14 海の豊かさを守ろう
15 陸の豊かさも守ろう
16 平和と公正をすべての人に
17 パートナーシップで目標を達成しよう

このデザインの使用については、ある程度のルールがあるものの、結構そこは自由です。ガチガチなガイドラインをつくって制限したら、世に広がっていきませんからね。

冒頭のＳＤＧｓバッジも同じで、あれも登録や申請とかは特にないです。クリックひとつで、今すぐ〈アマゾン〉から購入できます。

この17の項目（ゴール）の下には、さらに１６９個のターゲットが存在します。17項目も〝目標〟と呼ばれることがありますが、これら１６９のものも、また〝目標〟。17個のゴールを達成するための、より細かな目標です。

さらにいえば、成果を測定するための２３２個の指標もあります。

ちなみに、これらは勝手に国連がつくったわけではなく、数年かけて１０００万人もの一般の方々にオンラインでヒアリングを重ね完成しています。

最後に忘れてはいけないのが、このＳＤＧｓの全体を包むように、国連がこういうキーワードを掲げていること。

それは…「**誰一人取り残さない**」というフレーズです。

この言葉は普通に考えたら17の項目を通じて手を差し伸べる、あらゆる地球上の人たちが対象であり、そのうちの誰ひとりも取り残さないという意味として捉えるべきですが、私はＳＤＧｓの活動に参加する側にも当てはめていきたいと思っています。

この本は全国の中小企業のサポーターとして長年仕事をしてきた私が、「ＳＤＧｓに、ひとつとして参加しない会社がないように」と強く願い、ペンを執ることを決めたものです。

手に取ってくださって、本当にありがとうございます。

さあ、肩ひじ張らずにＳＤＧｓ！

Love & Peace

WINTER 2019-2020
村尾隆介
ビジネス書作家・社会活動家
ブランド戦略の専門家

SDGs

Sustainable Development Goals

エス・ディー・ジーズ

サステイナブル ディベロップメント ゴールズ

SDGsとは?

日本語訳で多いのは「持続可能な開発目標」。端的にいうなら「よりよい世界にしていくための、みんなの宿題」。

取り組むのは誰?

企業・自治体・教育機関・医療機関・個人やプロスポーツチームなど、誰でもゴール達成に向けて参加可能。子どもや学生も多くが参加。申し込みも登録も一切不要。これを国連加盟国、つまり全世界で一斉にやっていくのが SDGs。本書は中小企業向けに書いています。

特徴は?

17 のゴールから成ること。ロゴや、そのバッジ、目標（ゴール）をわかりやすく見せたデザインが用意されている。目標達成へ向けた取り組みは自由。正解がないのでクリエイティビティが試される。

サポートを受けるのは?

海や森林、動物やあらゆる生き物。恵まれない地域や、そこで暮らす人たち。人種・民族・性別や立場から差別を受けているような人たち。生きづらさや働きづらさを感じる人たち、暴力に怯える人たちなど。見えない空気も対象。

なり立ちは?

数年かけてオンラインを通じ、1000万人以上の世界の人たちの意見を収集。これは国連の歴史の中で最大のヒアリングだったそうです。

さらに深掘りした基礎知識は?

SDGsの前には〈MDGs(ミレニアム開発目標)〉の存在がありました。8つのゴールで構成され2015年に終了したプロジェクトですが、そこには一定の成果がありました。が、残った問題や新たな問題もあるので、このタイミングでSDGs。より大きなスケールと巻き込むパワーで展開中。

その他は?

SDGsには17のゴールの下に、より詳細な169の目標があります。また成果の測定の基準となる232の指標もあります。SDGsにはシンボルとなるバッジがあります(2ページ参照)。また17のゴールを示す基本デザインも決まっています(5ページ参照)。

SDGsにおける大事な言葉は?

誰一人取り残さない

No one will be left behind

備考

- ☑ 〈SDGsウィーク〉というSDGs関連のイベントが多い期間が各国であります
- ☑ SDGsをカードゲームで理解するというイベントが各地で行われています

「今日からできる！小さな会社のSDGs」目次

第2章

食事会をアップデートし『飢餓をゼロに』

～飽食の日本で中小企業がすべきこと～

第3章

職場で働く『すべての人に（も）健康と福祉を』

～「職場のメンタルヘルス」への取り組みも大事～

第4章

『質の高い教育』を、あなたの会社が皆に

～中小企業として地域に〝学び〟の提供を～

第5章

社内における『ジェンダーの平等』にも注力

～ジェンダーを超えＬＧＢＴＱフレンドリーに～

第6章

『安全な水とトイレを世界中に』を災害時に

～自然災害が多い日本で中小企業ができること～

第7章

『エネルギーをみんなに　そしてクリーンに』を気軽に

～エネルギー問題への着手と同時に働き方改革～

第17章

誰とでも平等に接し『パートナーシップで目標達成』を

～「パートナーシップ」は「フレンドシップ」と考える～

本文デザイン ◎ STANCE（中原克則）
本文DTP ◎ センターメディア
インタビュー&ドラフト ◎ 箱田髙樹
企画協力 ◎ 糸井浩
特別協力 ◎ 西郷克典・井上光悦・前田大地
本文写真 ◎ 原三由紀・村尾隆介・相澤涼太 etc.
Maria Dryfhout/Shutterstock.com
Matthew Ashmore/Shutterstock.com
lynn friedman/Shutterstock.com
カバーイラスト ◎ Marish/Shutterstock.com

はじめに

SDGsは、すべての中小企業に与えられた宿題

「世界共通のいい宿題ですよね」

どこの会議や会合でも登場するＳＤＧｓの話題。

そんな場面で私は、このフレーズを持ち出します。

私の仕事は中小企業に特化し、そのブランド戦略をつくることです。過去15年にわたり全国を講演してまわり、海外含めて20冊以上の著作を通じ、「中小企業もブランディングが大事」と伝え続けてきました。

その中でも特に「小さくとも地域・業界で〝ブランド〟と呼ばれるようなキラリ輝く会社は、総じて社会から愛されているもの。ぜひ〝社会モテ〟する企業を目指しましょう」とは、声を大にしていってきたことです。

じつはこの〝社会モテする会社を目指すこと〟と、〝ＳＤＧｓへの取り組み〟は、とても似ています。そして、過去に私が現場で関わってきた〝社会モテするためのアクション〟は、ＳＤＧｓに取り組もうとしている中小企業にとって、いい意味で異色なインスピレーションになるのではと考えました。これこそが今回私がペンを執ったひとつの理由です。

明日からはじめられること、はじめる前に考えておきたいこと、またその活動を社内外に伝える手法等々、ＳＤＧｓの17項目に沿って実際に行ってきた事例に加え、新しい発想もプラスして綴っています。

本書はアイデアブックです。ＳＤＧｓの概念だけではなく、ビジネスコンサルティングの最前線で生まれた社会貢献のアイデアを、あなたの会社にも楽しく応用できるようにと様々な工夫を盛り込んでいます。

日本に、社会の一員として尊敬される小さな会社をひとつでも多く増やすことは、私のこれまでの、そしてこれからも続くライフワークです。

気候変動や食糧問題、日本の社会で生まれつつある格差や街の平和の維持に待ったなし。

私は中小企業の行動《アクション》こそが、社会をよりいい方向に導くカギだと信じてやみません。

だから、私はアクション重視。ＳＤＧｓは、そもそも皆のアクションがあって、はじめて達成できるものです。

ＳＤＧｓは17のゴール（項目・目標）、１６９のターゲットで成るものですが、もうひとつ大切な概念がそこに存在します。

それは、この世界規模の宿題から「**誰一人取り残さない**」ということです。

英語で「No one will be left behind」とＳＤＧｓの前文に記されています。どちらかといえば、これは『貧困をなくそう』や『質の高い教育をみんなに』というＳＤＧｓの各目標の対象を、ひとり残らず地球上の全員に向けようという意味ですが、私はあえて活動をする側の企業にも、この言葉を当てはめたいと考えています。

「日本の中小企業が、ひとつ残らずＳＤＧｓに関心をよせ、そしてどんなに小さくてもいいのでアクションすること」

そうなることを1ページごと切に願いながら書きました。

すでに関心のある項目だけ拾い読んでもいいと思います。順番に読んでいきながら興味あるゴールを見つけるでも構いません。いずれにせよ、最後はアクション！

制作スタッフ一同、この書籍が「ＳＤＧｓを知る」のみならず、具体的なアクションに取り掛かるきっかけや、取り組むアイデアを絞ることへのヒントにつながれば、とても嬉しく思います。

●SDGsに取り組む際に気をつけたい2つのこと

コンサルティングの現場で、こういうケースによく出くわします。

その会社の社長は「SDGsに取り組みたい」という…。しかし、よくよく話を聞けば既に社会貢献活動はやっている。もしくは事業自体が社会貢献的ともいえる。

中小企業は人員も時間も限られています。新しいことを始めようとしたら、すごくエネルギーを必要とします。新しいことで、結果社員が疲弊したら元も子もありません。

SDGsへの取り組みといっても、まったくのゼロから新しい活動を始めなくても私はいいと考えています。今やられていることや、これまで会社として大事にしてきたこと、また本業自体の見せ方を社会貢献的にしていくというブランディングをするだけで、「うちはSDGsに取り組んでいます」と十分いえる要素を持つ会社は少なくありません。

新しいアイデアの提供のみならず、あなたの会社のそういったところに気づくための本でもありたいと願い、随所で「**すでにやっていませんか、こういうこと？**」という投げかけもしています。より気軽にSDGsに参加できたらというのが狙いです。

また、もうひとつ気をつけたいのが「社内にある矛盾」です。

SDGsに取り組み、周囲が「いい会社だね」と評価してくれても、社員に聞けば、「いや、実は社内は真逆ですけど…」なんて声も、しばしば聞きます。

たとえば、17項目あるＳＤＧｓの２番目に『飢餓をゼロに』というゴールがあります。ある会社の社長はＳＤＧｓバッジをスーツに毎日誇らしげに着け、部下もそれに続いています。食糧問題に関する寄付をしていて立派ともいえるのですが、社員の飲み会や取引先を招いたパーティ等では、いつも食べ物を大量に残す傾向が…。「余るくらいにしないとケチ臭く思われるから」という理由も理解できますが、私からすると矛盾に感じます。

ここは社員にもＳＤＧｓを周知徹底。お招きした方にも、あなたの会社のＳＤＧｓへの向き合い方の真剣度合いを伝え、「足りなかったらゴメンナサイ。でも、食べ残しを出したくないのです」と説明すれば、怒るどころか拍手が起こると思います。

『ジェンダー平等を実現しよう』というＳＤＧｓの５つ目に注力宣言しておきながら、実際の社内は男尊女卑。セクハラまがいの発言が職場や飲み会で多めだったり、会議室で女性が発言しにくかったりする雰囲気の会社は、はたから見ると矛盾しています。


「SDGsに取り組むなら、足元に矛盾がないように」


普段から私は講演等でこう話すのですが、この本でも例外なく時折それを問いかけます。

矛盾が社内にあると、スタッフの離職につながったり、新卒採用時の弊害にもなったりもしかねません。これは中小企業にとっては大きなダメージです。

次にＳＤＧｓに取り組むメリットをお話しします。

◉ＳＤＧｓへの取り組み＝企業のブランディング

中小企業の多くは、「価格ではなく、価値で選ばれたい」と願っていると思います。価格競争の連続はスタッフの疲弊につながるし、利益なき戦いの日々は経営者にとって不安以外の何物でもありません。

企業自体の印象がよく、企業自体に〝お客さま以上のファン〟と呼べるような存在がたくさんいる会社は、他社に比べてちょっと値段が高くても、「あの会社の姿勢が好き」「応援も兼ねて、ここで買いたい」と、プライスレスな支持を集めます。

アウトドア用品ブランドの〈パタゴニア〉は、その好例。

英国発のコスメブランド〈ザ・ボディショップ〉も、その類《たぐ》いです。

今でこそ世界展開している、この２つのブランドですが、元々は小さな小さな会社でした。こういった〝社会モテ〟している企業は「この会社で働きたい」と、未来の優秀なスタッフも自然に集まってくる利点もあります（特にミレニアル世代――およそ１９８１年～９６年生まれ――は、環境や社会問題への意識が高いという特徴があります）。

脱・価格競争のためや、人材獲得競争の作戦としてＳＤＧｓに取り組むのはどうかと思いますが、結論からいえばそういったことにつながる側面も少なからずあるのがＳＤＧｓ。

「小さくてもキラリと光り社会から愛される、地域・業界のブランドと呼ばれるような会社への歩みもＳＤＧｓへの取り組みから始まる」と考えても決して間違いではありません。

ＳＤＧｓへの取り組みは、ブランディングでもあるのです。

◉中小企業の方がＳＤＧｓに取り組みやすい

ブランディングもそうですが、何をするにせよ規模的な観点から中小企業の方が大企業に比べ、よりスピーディに取り掛かることに長《た》けているはずです。

逆にいえば中小企業から「スピード」を取り除いたらいいところなし。

その他の多くの側面で、残念ながら軍配は大企業にあがります。

ＳＤＧｓへの取り組みも同じです。ただ、大企業は取り組むテーマを絞りにくいです。

単純に人数が多ければ、それだけ意思統一が難しいですし、大企業は複数の事業、商品やサービスを併《あわ》せ持っているもの。本社のみならず、各地に支社や営業所もあります。

ゆえに、「エネルギー関連の取引先が多いうちの事業部はＳＤＧｓの７つ目である『エネルギーをみんなに そしてクリーンに』にフォーカスしたい」と考えても、別の部署は「いや、教育事業を手掛ける私たちの事業部は４番目の『質の高い教育をみんなに』を実現させたい」などと思惑をそろえるのが、とても大変です。

ここは小規模な組織という身軽さを活かしてサクッと前進するのが中小企業としてはスマート。２０３０年が締め切りの宿題に、早めに、賢くかつ効率よく取り組むのがいいと思います。

そのためには、まず「アクションを1本（もしくは数本）に絞る」がいいかもしれません。やみくもに手をつけると、「あの企業は何に社会課題を感じているのか？」と、周囲からの見え方がボヤける恐れがあります。ワンテーマに絞ったほうが、取り組みから実施・実績・結果までのスピードもあがるし、社内の意識も統一しやすいと思います。

「うちは水産業なので14番目の『海の豊かさを守ろう』でいく」と決めれば、社員もアイデアを出しやすく、また動きやすい。まわりへも、「なるほど、あの会社はやはり海に対して意識が高いな」と明確な企業の姿勢を発信できます。人・モノ・お金といったリソースも一点に集中して使えるので、アクションの実現可能性も高まる、というわけです。

もちろん本業に沿った項目以外にも〝一本集中〟のアイデアは多々あります。

「私たちの本社の近くに障がい者の施設があるから…」という理由で、中小企業が3番目の『すべての人に健康と福祉を』にフォーカスするのもいいと思います。

「東南アジアから実習生を受け入れるようになったから…」という背景から、10番目の『人や国の不平等をなくそう』に絞ったというのも立派な理由です。

ポイントは取り組む項目の数も、その内容も「やみくもではないこと」。数ある項目の中から、その1本に絞るに至ったストーリーがあると、より中小企業らしい取り組みに映ると思います。

また、その見せ方も上の例のようにするといいかもしれません。

SDGsのデザインを自社の印刷物にも一部取り入れる企業は増えましたが、ただ載せるのではなく、私なら集中して貢献している項目を取り出し、こうメッセージを載せます。

「私たち〇〇社は、SDGsの5番と16番のゴールに特に注力しています」

◉大企業も一目置く、社会貢献的な中小の秘密

この時代においても社長が数人集まれば始まる「御社の従業員数は？」という会話…。

生産性や商品・サービスの品質はさておき、いまだに規模で優劣をつけられるところがある日本のビジネス界ですが、私の経験上、社会貢献に熱心で、しかもひとつのことをテーマに活動している中小は、これに当てはまりません。

「以前からＬＧＢＴＱフレンドリー。たくさんの性的マイノリティをスタッフとして迎えている」「単純作業ではなく、デスクワークでも障がい者が活躍できる場をつくっている」というような小さな会社の職場は、各種メディアに取り上げられることも多いです。

それを見聞きした行政関係者や他中小企業の経営者は、こぞってこういった職場を参考にと視察に出掛けることも少なくないのですが、その見学者の中には大企業も含まれます。

つまり「社会貢献活動に熱心な中小企業は、より規模が大きな会社や政府からもリスペクトを集めることができる」のです。これは社員にとっても自社を誇りに思える瞬間。

特殊な技術を持つ中小やオンリーワンの商品を持つ中小、はたまたニッチな分野で世界シェア１位を持つような中小…、同じ中小企業といえども、こういった会社はスペシャルな存在。でも、同じような存在になれる術があるのなら、それは社会貢献活動…、つまり

ＳＤＧｓへの取り組みの度合い次第で、ひとつの中小企業が集める世間からの注目や大企業との付き合い方などは、きっと変わると思います。

◉ＳＤＧｓを始めるために本書が示す4つのアイデア（×17）

「でも、実際に中小企業がＳＤＧｓに取り組むのは、コストも含めて何かと大変そう…」という声も聞こえてきそうですが、ＳＤＧｓ以前から、社会貢献活動や本業を通じて、17項目のどこかに該当するアクションを今も昔もしている会社は意外に多かったりします。

そこで、本書が示したいアイデアのひとつは、**「すでにやっているかもしれないＳＤＧｓに気づくこと」**。あなたの会社のそれに気づき、「よし、そこを再度強化しよう！」となったら、新たなコストもパワーもそんなに必要ありません。

ふたつ目にアイデアとして示したいのは、**「全国の他の中小企業が行っている事例」**です。

そのほとんどは私が実際にコンサルタントとして関わり、起ち上げ、そして行っているものですので、どんどん真似していただければと思います。もっといえば、さらに発展させたり、あなたの会社や地域に合った形にカスタマイズさせると、なおいいと思います。

３つ目…、これもすでに記したことですが、大事なことなので再度。

それは**「社内の矛盾に要注意」**というアイデアです。

ＳＤＧｓは外向きに取り組むと同時に、内向きにもアクションしないといけないもの。矛盾なき職場をつくることは、結果として働き方改革にもつながるので、とてもいいことだと思います。そんな改革や矛盾点撲滅のアイデアにも、この本はたくさん触れています。

最後、４つ目のアイデアは**「知る」**というアイデアです。

すぐに行動に移せなくても、今そこにある社会問題や社会的なムーブメントを知ること。社員全員で学び、思いを寄せれば、それだけでも大きな一歩です。さらにコマを進めて、それらの問題解決に向けて起ち上がった人やプロジェクト、ＮＰＯやＮＧＯを知るのも立派なＳＤＧｓのアクション。そういった情報にも本書は重点を置いています。

まとめます。この本が示す４つのアイデアは…

❶すでに行っているかも？　あなたの会社のＳＤＧｓへの動きと気づき
❷全国の中小企業が行っている、明日から真似できるＳＤＧｓアクション
❸矛盾があると恥ずかしい！　社内にあるＳＤＧｓとの矛盾点をつぶす
❹ＳＤＧｓの各項目に関連した社会問題と世界の動きを、まずは知る

…です。

これらのアイデアを、ＳＤＧｓの17のゴールすべてで網羅する。明るく、楽しく、リズミカルに読めるよう綴っています。どうぞお楽しみください！

第1章

小さな仕事をつくって『貧困をなくそう』

中小企業は国内に広がる貧困に手を

貧困には「絶対的貧困」と「相対的貧困」という指標があります。
前者は「1日に約200円未満で生活する人々」のことを指し、世界には約7億人います。
SDGsの話題で頭に浮かぶのは、そんな異国の人や家族の姿でしょう。

日本には**「相対的貧困」**が増えつつあります。
これは平均的な日本の家庭より生活が厳しく、
普通に買い与えられるはずのものが親から与えられない
子どもたちが増加中ということ。
文字通り「(相対的に)比べると貧困な層」のことで
現在日本では老若男女を含めて7人にひとり。
先進国の中でワースト1～2位を争います。

医療や教育、スポーツや文化に触れる機会の不平等、
荒んでいく地域や生活苦からの犯罪の増加…、
将来の日本は犯罪大国になるという予測もあります。
地域に根差した中小企業が、ここに手を差し伸べるなら?

仕事が嫌い？　仕事こそ喜びであり安心！

地域に根差した中小企業に、ひとつできることがあるなら、それは近隣の「もっと収入を得たい」という方々のために「小さな仕事を、たくさんつくる」というアクションです。中小企業は今、どこも人手が足りないと思います。フルタイムで働いてくれるスタッフを雇い入れる前に、地域にシンプルかつ小さな仕事をアウトソースするということを考えてみてください。それが地域に芽生えつつあるかもしれない貧困に、歯止めをかけることに一役買うかもしれません。

私がコンサルタントを務める、神戸で8店舗のエステサロンを営む〈ラミール〉は、もともと社会貢献活動にも熱心でした。それも含めて地域から20年以上も愛され続けている、本当にスタッフ全員が気持ちいい人柄の持ち主である会社です。

創業者の河村京子さんは本業と並行して児童虐待という社会問題にも常に高い関心をお持ちで、「エステを母の息抜きに」と打ち出し、本業自体も社会貢献的にしていく方針で経営をしています。世のお母さまたちのストレスがエステで定期的にリリースされれば、

子どもに対して不必要に叱ったりイライラしたりということが家庭で減るのでは、というのが、背景にあるお考えです。

〈ラミール〉にはコスメの通販を行う事業部もあるのですが、そこで発生していたのが毎月のニュースレターやらチラシやらの発送業務。封筒づめは、それなりに数があれば地味に時間も場所も取るもので、このルーティンはスタッフ総動員で毎月、スポーツのように行われていました。

そこで考えたのが「自分のペースで仕事ができたら」と願う地域の方たちに、この作業をアウトソースすること。常に女性の味方でありたい、お母さまたちの笑顔の維持に貢献したいという会社の想いからしても、これは自然な流れでした。

まずは関西方面でシングルマザーや障がい者の支援をしている団体をネットで検索＋連絡。今の時代、こういった団体は簡単に見つかりますし、また団体側から話を聞けば聞くほど家でもできるような仕事があれば助かるということがわかります。

結果、障がいのある児童をサポートするＮＰＯに、この仕事を毎月頼むことになった〈ラミール〉ですが、これには実際に作業をする子どもたちのお母さまも喜んでくださっているはず。間接的ですが、お母さまの味方になっています。

本気で探せば、もっと安価でプロフェッショナルな外注先も見つかります。が、たとえ割高だとしても、こうして仕事をつくることは極めてSDGs。

社会で働く多くの人は、冗談半分で口々に皆「仕事は嫌い。できれば行きたくない」といいますが、とんでもない。

仕事があれば先行きへの不安も払拭されるし、社会とのつながりも持てる。

仕事を通じて人は喜びを感じ、役立っていることを実感します。

だから、中小企業は小さな仕事を地域に向けて、たくさんアウトソースすること。

それにより救われる人は、きっとあなたの会社の近くにもいるはずです。

私自身の会社も、まとまった数の郵送物の梱包やラベル貼りは、かつて私が町おこしで関わった山形県朝日町のシルバーの方々にお願いしています。

貧困とは無縁、自然に囲まれ誰よりも豊かな暮らしをしている方々ですが、この仕事のためにグループで集まり、おしゃべりしながら働くのが嬉しいといってくださいます。もしかしたら、この仕事が金銭的貧しさではなく、クオリティ・オブ・ライフへの貢献に幾分かはなっているのかもしれません（だとしたら嬉しいです）。

どうか誤解なきように。
〈ラミール〉は、このアクションによりSDGsバッジを胸に「うちは近隣の貧困に歯止めをかけています」なんてことは、ひとこともいっていません。このポスターにあるように、あくまで私たちはお母さまたちの味方でありたいとだけ謳っています。

「小さな仕事をつくる」は創造力と交渉力で

メンタル的に疲れ、社会生活を一時お休みしている方たちもいます。そういった方たちが社会復帰するまでの間、取材時に録音した音源のテープおこしなどを頼んでいる会社もあります。

精神障がいを抱えているけど、ひとつの仕事を任せたら集中力はピカイチという方たちもいます。そういった方たちが向いているのは、たとえば検索。ネット上に書かれた〝自分たちの会社の噂〟の調査を依頼している企業もあります。

電車に乗って毎日通勤はできないけれど、「ちょっとだけできる仕事があったら嬉しい」という方は、地域にたくさん存在します。

そういった人たちは必ずしも「相対的な貧困層」というわけではありません。でも、地域の中小企業が、たくさんの小さな仕事をアウトソースすれば、それはSDGsの1項目めへの貢献、更に広がる可能性が高い経済格差を未然に防ぐことにつながると思います。

週に一度程度、あなたの会社に来てもらうというスタイルでもよし。こちらから仕事を持っていき、そこに数人集まってもらってグループで作業をしてもらうでもOK。

私の場合は段ボールでマルっと袋づめを頼みたいものと印刷物等と住所ラベルを特定の場所に送り、そこから全国にニュースレターを発送するという仕組みをつくりました。

もちろん、こういったアクションをしていくなら、今現在働いてくれている社員への配慮も大事。サービス残業の放置やシングルマザーへの冷遇、働きづらさを感じている人たちへの理解が薄いなんて、もってのほかです。


いずれにせよ、ここは仕事をつくる側のクリエイティビティが求められます。どうやってシンプルで小さな仕事をいっぱいつくるか？　それを単発ではなく定期的なルーティンワークにすることができるか？　企業側に創造力が求められます。


こういった行為を私の大切な友人で、自身も視覚障がい者でありながら企業と就労困難者を〝仕事でつなぐ〟のが実に上手な成澤俊輔さんは「仕事の切り出し」と呼んでいます。

成澤さんは、こういいます。

「飲食店の仕込みにしても、すべてのことを障がいを持つ人がこなすのは難しいかもしれません。でも、たとえば焼き鳥の串うちだけを任せたら、それを喜んで誰よりもうまくこなすことができたりします」

そう、こんな風に仕事の一部分だけをアウトソースする。
これが仕事の切り出しです。

が、せっかく社内的に仕事を無事に切り出しても、それをアウトソースしようと近隣の支援団体や支援施設に話を持っていくと、「前例がない」「逆に迷惑をかけるから…」と、やんわり断られることもあります。ここは創造力に加えて交渉力も必要なところです。

もしも、あなたの会社が、これに似たような形で既に仕事をアウトソースしているならば、今一度ここでＳＤＧｓ的な観点から、それがＳＤＧｓの取り組みに映るよう、その見せ方や発信の仕方に工夫を加えてみましょう。

身近な飲食チェーンの偉大な社会貢献活動

毎日の生活の中で一度は目にする黄色いアーチ。私たちのライフスタイルに組み込まれている〈マクドナルド〉はブランド以上の存在です。でも、そんな身近なファストフード店の偉大な社会貢献活動について知る人は、そんなに多くありません。

貧困というトピックでお伝えしておきたいのが〈ドナルド・マクドナルド・ハウス〉の存在です。

これは〈マクドナルド〉が世界中に展開する宿泊施設で、共同キッチンが付いたおしゃれなホテルといえばイメージが浮かぶでしょうか？　一部屋が家族単位で泊まれるようになっています。

病気の子どもが自宅から遠く離れた都市部の病院で治療や検査を受けるときに、家族全員安価に滞在できる宿泊施設です。

大きな病気や難病は都市部にある病院で治療を受けるしかないケースがあります。ただ、そのために家族全員でホテルに泊まったら、それは大きな経済的負担。〈マクドナルド〉は、そこに手を差し伸べ、こうした社会貢献活動を行っているのです。

その施設数は本書執筆時点で、なんと世界に３６７カ所。日本国内では札幌や仙台、大阪、名古屋、栃木、さいたま、神戸、東京の小児病院などのまわりに存在します。

施設の運営の仕組みもユニークで、私が関わる台北市の施設の場合は一部屋ごとにスポンサーが付いています。これは企業の場合もあるし、個人の場合もあります。要は、その部屋の運営維持費を寄付で賄っているというわけです。

寄付をした企業ないし個人は、その代わりに自分がスポンサーした部屋を好きにデコレーションすることができます。病と闘う家族が少しでもリラックスできるように、緊張の少ない滞在になるようにと、皆ここにはすごく力を入れています。

同様に施設内のキッチンや遊び場も、そのエリア自体をスポンサーできるようになっています。

また、スポンサーとして名を連ねる中小企業のスタッフや個人はボランティアとしても日頃から施設に出入り。他にも多数のボランティアに支えられています。

私は台北市内にある〈ドナルド・マクドナルド・ハウス〉の一部屋を仲間と共にスポンサーしています。たまたま旅行の合間に訪れたときに、そこに滞在中だった、闘病中だけど明るい素敵な親子と出逢ったことがきっかけとなり、サポートすることを決めました。

第1章
まとめ

貧困をなくそう

あらゆる場所で、あらゆる形態の貧困に終止符を打つ

1 すでにやっているなら、それはSDGsです!

◎就労が困難な人たちをスタッフとして積極的に採用

その活動を深掘りしたり、SDGsとして行っている宣言を!

2 明日からマネできる中小企業としての活動

◎収入を必要としている地域の方々へのアウトソース

3 こんな職場だと、残念ながら矛盾に映ります

◎社内のシングルマザーの困りごとへの理解が薄い、など

4 社会の課題・活動を知るだけでも一歩前進

◎日本にも相対的貧困が増えつつあるという事実

! 参加できる社会貢献活動や寄付先のリスト

◎ドナルド・マクドナルド・ハウス
病と闘うお子さんを持つ家族の味方となる安価な宿泊施設
https://www.dmhcj.or.jp/

◎国内各地にある無料学習塾
探せば地域にあります、無料塾。検索して、ぜひサポートを!
http://class-homeless.sakura.ne.jp/archives/6109

第**2**章

食事会をアップデートし『飢餓をゼロに』

飽食の日本で中小企業がすべきこと

２番目の宿題は「飢餓をゼロに」です。
現在、飢餓に苦しむ人々は世界で約８億人。
９人にひとりが十分な食事を摂ることができず、
栄養失調で体を壊したり、餓死と隣り合わせにいます。
国によっては子どもたちに夢を訊ねてみると、
「一度でいいから満腹になってみたい」
なんて言葉が返ってくることも…。

仕事柄、私は中小企業の懇親会や社員イベントを
プロデュースすることが多いのですが、
気になるのは常に食べ残しです。
食べられるのに**捨てられる食品は年間643万トン**。日本の国民ひとりあたり、それは年間51キロ分にもなります。

日本は**世界最大の食の輸入国**です。他国から栄養を受け取りながら、それを捨てるのは矛盾しています。
「飢餓に苦しむ人たちに缶詰を送ろう」
という貢献もいいですが、
この機会に中小企業として“食べること”も再考を。

ＳＤＧｓの2番目と会社の毎年のイベントをつなげる

中小企業が食べ残しを出す機会…、たとえば日々の飲み会や歓送迎会。忘年会に新年会、接待、イベント、パーティ等々、挙げれば色々出てくると思います。

明日から取り組めるものとして、まず挙げたいのが「３０・１０（さんまる・いちまる）運動」です。長野県松本市などがはじめた運動で、宴会がスタートしてから最初の30分間は、自分の席で食べることに専念することをすすめています。

その後は席を移動するなどして会話を楽しんだりしますが、宴の最後の10分間は、各人が再び自分の席に戻って残ったお酒や料理を食べきりましょう、というもの。小さなことかもしれませんが、２つ目のＳＤＧｓのゴールに向けた大きな前進だと私は考えています。

さらに〝社内のフードウェイスト〟を深掘りした例を、ご紹介します。

私がコンサルタントを長年務める、電気関連の設備と商社〈電巧社〉の取り組みです。百年近く続く東芝のパートナー企業で社員数は約２５０名。ユニークな社内カルチャーを持ち、この時代にも攻める姿勢を止めない、赤を基調色にした元気印の企業です。

そんな会社が力を入れている活動のひとつがバーベキュー。年に2回、自社ビルの屋上を使った大規模なＢＢＱ大会の開催は目玉。全国に散らばる支社の社員も、取引先や社員の家族も集合し、その数はのべ６００人にもなります。

近年では「バーベキュー採用」という企画も人事がはじめ、インターン生にＢＢＱメニューや演出をプレゼンしてもらい、それを採る・採らないの判断のひとつにするという…どんだけバーベキュー重視なんだという〈電巧社〉ですが、これを「ＳＤＧｓに結び付けたいな」と思い、こんな提案を私からしたことがありました。

「ＳＤＧｓバッジをつけているなら、今年からは例年のバーベキューをＳＤＧｓＢＢＱにしましょう！」

掲げた理想は「食べ残しを出さないこと」「プラスチック製品を使わないこと」「ゴミを少なく、その分別を完璧に」「片付けがラクになるよう工夫」など多岐。ゴミを減らすために、「お皿やカップの行方不明（ゆえに1人で何個も使う）」等の防止策も考えました。

他にも食料もCO^2の削減のため「近くから調達」ということも考えられるし、ぜひ読者の皆さまも次の会社のイベントを「ＳＤＧｓ○○」と銘打って、17項目に当てはめながら研ぎ澄ませていってみてください。意外と楽しくアイデアは広がるものです。

「お客さまを招く以上、食べ物は余るくらいでないと失礼では？」という声もあると思います。でも、〈電巧社〉は招待状にＳＤＧｓへの取り組みを記し、「飲食物が足りなかったらゴメンなさい」と、先に謝るようにしています。これは当日の開会の挨拶でも強調します。

それに対して怒る人なんていません。「おもしろいアイデア」「さすがは〈電巧社〉だね」「そうか、これもＳＤＧｓか」と、参加者は絶賛。これにより食事中の話題もＳＤＧｓのことが割合の多くを占め、結果として啓もう活動にもつながることになりました。

中でも嬉しいのは「うちもＳＤＧｓをどう展開するか悩んでいたので、ぜひマネしたい」と大企業の面々が残してくれた、この言葉。26ページでも書いた、中小企業が社会貢献活動を通じて、より大きな企業に影響したという表れといっていいと思います。

「いつもの立食パーティー」をやめてみる勇気を

次に、インドア編。「いつものビュッフェ形式の食事会」です。

全国でたくさんの会社のイベントをプランし、当日も実行する立場にある私は近年、会場である結婚式場やホテルと交渉し、ほとんど立食のスタイルをやめています。

今は多くの場合、各人がテーブルに着座してのコース料理形式。かといって、ずっと同じ場所に座っていても懇親になりませんので、デザートやドリンク、もしくはローストビ

DENKOSHA
WASTE REDUCTION
BBQ
お皿、コップは
原則１人１つずつ
分別を
しっかりしよう
食品ロスを
なくそう
ご協力よろしくお願いします！
SUSTAINABLE
DEVELOPMENT
GOALS

DENKOSHA

ーフのようなものは立って取りに行くというスタイルを織り交ぜています。

会場側はビュッフェスタイルの方がラクなので、コストアップ要因になる可能性もあります。そのときは「前菜的なものは各人にワンプレートで。炭水化物系だけはビュッフェ形式に」など、真ん中で折り合うように交渉します。

しかも、華やかさやサプライズを加えるために、私は「ハリーポッタースタイル」と呼んでいますが、会場の端から端まで届くようにセッティングした長テーブルにキャンドル等の演出で、あの映画のシーンを彷彿とさせるイベントにします（写真は〈赤尾商事〉の例）。

「フードウェイストを極力ゼロに、華はアイデアでカバーする」これが私のモットーです。

毎日の食事の中で行う「飢餓ゼロ」への貢献

〈テーブル・フォー・ツー〉に関わるのも、飢餓に貢献するひとつの方法です。

たとえば〈テーブル・フォー・ツー〉と提携している〈ＭＵＪＩ（無印良品）〉のカフェで食事をすると、手のひら大のカードがレジ横に置いてあることに気づきます。このカードを取って食事の支払いをすると、自動的に20円が加算されるのですが、それはアフリカの子どもたちの給食一食分。つまり、あなたは自分のランチと同時にアフリカの子どもにご

群馬でガソリンスタンドや潤滑油の販売を行う〈赤尾商事〉の全社員イベント

馳走してあげていることになるのです。

とても素敵な仕組みで、私も〈テーブル・フォー・ツー〉と提携している飲食店で食事をする際は、必ず支払うようにしています。そういったお店の情報は下部のQRコードをご覧ください。と、ここまでは個人としての支援の話です。

「これは会社として関わりたい」と思ったら、社員食堂でも同じ仕組みを取り入れられます。でも、その場合は「社員食堂で、あなたの社員がヘルシーメニューのランチを食べる際に、その代金のうち20円がアフリカへ」という条件付きです。ヘルシーといえないメニューを選んだら、アフリカの子どもたちの救いにはなりません。

これはNPOである〈テーブル・フォー・ツー〉のポリシーです。

「普段の〝たっぷりカロリー〟のランチをやめ、どうかカロリー控えめな食事の選択を。そこで出た〝カロリーの差〟でアフリカの子どもたちのお腹を満たします」ということで、単に飢餓に手を差し伸べるだけではなく、同時に日本人の健康にも配慮しているのです。

また〈テーブル・フォー・ツー〉では会社に設置するソフトドリンクの自動販売機の用意もあります。お茶やジュースを買うたびに、売上の一部がアフリカの給食費として寄付されるというもの。社員食堂がないという会社は、ぜひこちらのご検討を。

サイトはこちら!

https://jp-tablefor2.org

街角になる果実を勝手に食べていい制度

また〈電巧社〉に話を戻します。

もともと東京・港区はレインボーブリッジのたもとを本拠地としていた同社ですが、私もプロデュースに関わる形で新本社ビルを新たに建てました（同じ港区内に）。

内装はもちろんのこと、電気の会社ですから灯りなどにもこだわりました。でも、ＳＤＧｓに熱心な〈電巧社〉だからこそ、やってもらいたかったのが「歩道に面したところに植える樹の種類」でした。

環境や食に関して学ぶことが多いドイツですが、私が好きな取り組みのひとつに「誰でも勝手にもいで食べていい公共の果樹」という優しい仕組みがあります。

もともとは18世紀にプロイセンのフリードリヒ大王などが、貧しい人々のためにと公共の場に果樹を植えることを推奨したことが始まり。１９３０年代のナチス時代に「国民の食糧難に備えて」と、さらに果樹を積極的に植えるようになったというのがルーツです。

「これ、〈電巧社〉でも！」と盛り上がり、実ればの話ですがブルーベリー、ミカン、ビワ、グァバが食べ放題!?　飢餓に関係するアイデアとして、ここに付け加えておきます。

第2章
まとめ

飢餓をゼロに

飢餓に終止符を打ち、食糧の安定確保と栄養状態の改善を達成するとともに、持続可能な農業を推進する

1 すでにやっているなら、それはSDGsです！

◎社員で余った食品を持ちより、まとめて寄付する活動

その活動を深掘りしたり、SDGsとして行っている宣言を！

2 明日からマネできる中小企業としての活動

◎会社として地域の方が自由に食べられる果実を育てる

3 こんな職場だと、残念ながら矛盾に映ります

◎ビュッフェ形式でイベントを行い大量の食べものを余す

4 社会の課題・活動を知るだけでも一歩前進

◎社食や自販機に〈TABLE FOR TWO〉が導入できる

! 参加できる社会貢献活動や寄付先のリスト

◎TABLE FOR TWO
社食や自販機に導入可。アフリカの子どもの給食に貢献
https://jp.tablefor2.org/

◎セカンドハーベスト・ジャパン
法人・個人で余した食料を必要な人へ。フードバンクの先駆け
https://www.2hj.org/

第3章

職場で働く『すべての人に(も)健康と福祉を』

「職場のメンタルヘルス」への取り組みも大事

世界では5歳未満で亡くなる子どもが**年間約560万人**もいます。主に南アジアやアフリカで、5秒にひとりのスピードで命を落とすのです。肺炎やマラリアなどが原因で、それは医療や衛生が行き届いていないから…。

多くの企業が実施している**ペットボトルのキャップ集め**は、こういった地域の子どもたちのワクチンに換わるので、すでにSDGsの3つ目に対する活動を始めているといえます。
さらに強化を図るなら**会社のクレジットカードのポイント**や出張が多い**社員のマイレージ**等も、子どもたちの健康と福祉への貢献に交換できる場合があるので、ぜひ選択肢の確認を。

そして、何より健康・福祉で重視したいのは、
自分の職場のメンタルヘルスです。
精神面で健やかに居続けることができる職場づくりも、
中小企業にとって立派なSDGsの活動といえます。

日本は本州・九州・四国だけで世界と戦っている

『すべての人に健康と福祉を』という話がコンサルティングの現場で出る際に、私は「同時に今の職場と自社スタッフの健康と福祉も考えたいですね」と、タイミングを見計らい口にします。

幸いなことに医療や保健衛生が行き届いた日本では、肺炎やマラリアで子どもたちが命を落とすリスクはほとんどありません。ただ、一方で違った健康リスクが高まっています。

それはメンタルヘルスです。

ある調査では、うつ病ないし、うつ病だった人は日本では16人にひとり。その率から計算すると、北海道ひとつ分の経済活動が失われていると聞きました。つまり、日本は本州・九州・四国のみで、このグローバル経済の時代に世界と戦っているのです。

そこで私のひとつの提案は「職場のメンタルヘルスに配慮する」というアクション。

〝生きづらさ〟や〝働きづらさ〟を感じているスタッフは、きっと自分の会社にもいると想定し、居心地のいい職場とケアの仕組みをつくるというのもＳＤＧｓへの取り組みだと考えています。それこそ「ひとりも取り残さない」がＳＤＧｓの基本理念ですから。

産業医やカウンセラーを呼んだり、職場でストレステストなどを行うのも手。産後うつへのサポートや出産前・妊活のアドバイザーとして、定期的に助産師の方に来ていただくのもいいと思います。それこそ〈With Midwife〉という私が関わる助産師によるスタートアップが、「企業にもっと〝顧問助産師〟を」というミッションでやっています。

でも、難しく考えず明日から単に、こうするだけでも十分。

それは「笑える職場をつくる」です。

笑いがメンタルヘルスの健康にもいいというエビデンスは、たくさんあります。

多くの人にとって「生涯で最もいる時間が長い場所」である職場を、工夫次第で明日からもっと笑える場所にすることができるはずです。私は、それをもＳＤＧｓの取り組みと考えたいです。

笑える会社・笑える職場には、話題も人もよく集まる

〈横河電機〉という工業機器メーカーを、ご存じだと思います。

大正期に創業した同社は、戦前まで国産計測器の雄として急成長しましたが、戦後は軍需がなくなったことで大変な打撃を受けました。また当時の社長は、戦地から戻ってきた

社員たちがみな心に深い傷を受けて、かつてより笑わなくなったことを大いに気にかけたそうです。

そこで社長が起こしたアクション…それは本社の玄関への「小便小僧の設置」でした。

「なんでやねん!?」と、当時の従業員の方々は思ったかもしれませんが、その反応がまさに狙い。社長は笑顔やユーモアを思い出してもらいたかった。明るく楽しく仕事することを取り戻してほしかったのです。

こうして少しずつ社内の笑顔を取り戻した〈横河電機〉は売上利益を取り戻し、今に続く大躍進を遂げていきました。

笑いを取り戻すといえば、福島の地でそ

れを数々の行動を通じリードしている会社があります。

私が長年コンサルタントを務めるガス会社を軸にした〈アポログループ〉です。

そのコンサルのテーマを「福島が笑えば、世界が笑う」とし、たとえば近年行われた社長と会長の交代という人事の際も、時代が変わったことを54ページのような写真で表現しています。率先して笑いを取りに行く、この姿勢が地域や業界から愛され続けています。

また私が好きな会社で、もうひとつ福島は会津若松から。

〈Eyes, JAPAN〉というITの会社は、ホームページを見ても一目瞭然（QRコード参照）。社内に笑いを取り入れています。

たとえば、「SSS」という制度。これは「社長・サンドバッグ・システム」の略で、オフィスにある社長の似顔絵つきのサンドバッグを利用して、うっ憤を晴らせるという仕組みです。

笑顔の前に「一緒に働く仲間の悪口をいわない」の徹底

職場に笑いを取り戻す上で同時に大事にしたいのが「（先輩・後輩・上司・部下・協力

サイトはこちら！ http://www.nowhere.co.jp/

会社や取引先など）一緒に働く仲間の悪口をいわない」というルールの徹底です。

どんなに笑える制度を導入しても、悪口や愚痴が蔓延《はびこ》る職場は健康的とはいえません。

実際、職場でメンタルを壊す人の理由で多いのは「職場の人間関係」です。

私はコンサルティングの仕事を通じ、各社の仕事の姿勢をクレド（信条）という形で整理整頓していくのですが、最終的にはそれは各スタッフが毎日サイフなどに入れて持ち歩くカードの形状になります。要は職場のルールを、名刺大のカードにして常に携帯するということです。

過去に1000近くのクレドカードをつくってきましたが、どこの会社も例外なく入れてもらっている文言が、この「一緒に働く仲間の悪口をいわない」ないし、それに似たような文言です。「批判をするなら代案を」というような書き方をするときもあります。

どんなにその会社のブランディングを一所懸命し、社会に立派に映るようにしたとしても、内部は文句と不満、評論と悪口のオンパレードでは意味なしという私の想いからです。

しかし、世の中には異なる考えの方もいるもので、過去に「いやいや、村尾さん。悪口をいうのも息抜き。うちにそのルールは向きません」という会社もありました（苦笑）。

議論を重ねた結果、その後は互いに譲歩して、最後にカードに記した一文は「決して一緒に働く仲間の悪口はいわない（18時まで）」というものに…。まあ、一歩前進です。

「笑いこそ最高のくすり」で、地域に健康と福祉を提供

笑える職場づくりを近隣にまで広げた事例を挙げたいと思います。

家族経営の調剤薬局。茨城県で2店舗展開し、ご夫婦で各店舗の店長をしています。〈やまぐち薬局〉といいますが、その姿勢は厚生労働省からも「これこそ地域の薬局の未来像」と評され、業界ではちょっと名が知れています。

その高い知名度の理由が、年に一度の薬局内でのイベント。棚を片付け、高座を設け、筑波大学の落語研究会の学生たちを呼んで、寄席を行っているのです。

落語会をはじめたきっかけは、コンサル時に改革のテーマを「笑いこそ最高のくすり」としたこと。

実際、これを楽しみにしてくださっている地域の老若男女は実にたくさん。毎回満員御礼で、もう10年以上も続けています。データがあるわけではないですが、これが地域のご年配の方々の健康や福祉に貢献しているのは明白。その大笑いが病気予防につながることを夢見て開催しています。

また落研の学生たちも、普段から落語をする場を求めています。彼らにとっても学園祭

以外で腕を披露する、またとないチャンスになっています。

遠くのアフリカの子どもたちが育つ環境に想いを馳せながらも、まずは中小企業として地域の皆のメンタル含めた健康と福祉に貢献する、こんなこともSDGsです。

この〈やまぐち薬局〉での寄席は、数多くのメディアが取り上げてくださっていて、それはもう毎年のこと。つまり、これは結果として広報とブランディングにもなっています。

「バイク・トゥ・ワーク・ディ」と「ベジタリアン・ディ」の設定

社内の「肥満」や「運動不足」に着手するのもいいかもしれません。

「健康経営」を掲げていながら、相変わらず喫煙所が社内一の情報交換の場という会社は、私が全国をまわる中でも意外と多く、ここは何とかしたいなと常に思っているところです。かといって、今の時代に「社内の喫煙率が下がりました」「社員には電子タバコに切り替えてもらいました」くらいの発表では、大して世間に対するインパクトになりません。

時代を先取りするならば、「Bike to Work Day」です。ここでいう「バイク」とは自転車のこと。

BROOKLYNPROJECT

BIKE WORK
3 すべての人に 健康と福祉を
KAKEHI CONSTRUCTION
AND
BROOKLYN PROJECT

全社的に「自転車で通勤をする日」を設けることを「バイク・トゥ・ワーク・ディ」と呼びます。

もちろん、〝できる人〟だけに限るので強制ではありません。が、せっかく東京都内の自転車専用レーンの整備も急速に進んだところですから、ここはひとつ検討を。週に一度、いや月一でも構いません。季節限定でもいいと思います。

前ページのようなステッカーやバッジで、「うちの会社には『バイク・トゥ・ワーク・ディ』があります」というノベルティをつくれば、あなたの会社のイメージアップにも役立ちます。

加えて会社の前にサイクルラックを設置することもおすすめします。私はたくさんの建設会社のコンサルティングを行っていますが、各地のそういった会社と近所の方々とのワークショップで木を使ったサイクルラックづくりを推進し、地域のインフラとしての設置を行っています。

同様に「ベジタリアン・ディ」も、おすすめしたいです。

社員食堂でも、仕出しのお弁当でも、週に一度は菜食主義のメニューのみをスタッフに……という日をつくるのも健康への貢献です。

日本にはまだ少ないですが、北米を中心に環境保全や食糧の生産効率の観点からベジタリアンやヴィーガンは増え続けています。〈ビヨンド・ミート〉をはじめとしたベジミート（大豆等を由来にした代替肉）のビジネスも大盛況で、この動きは日本にも広がることが予想されます。

それを見越して今から、あなたの会社にも「ベジタリアン・ディ」を。

私も普段からベジタリアンですが、日本を訪れるベジタリアンやヴィーガンのインバウンドの方たちの困りごとも知ることができて、私にとってはいいことばかりです。

第３章
まとめ

すべての人に健康と福祉を

あらゆる年齢のすべて人々の健康的な生活を確保し、福祉を促進する

1 すでにやっているなら、それはSDGsです！

◎ペットボトルのキャップを集めてワクチンに換える活動

その活動を深掘りしたり、SDGsとして行っている宣言を！

2 明日からマネできる中小企業としての活動

◎笑える要素がいっぱい散りばめられた職場づくりを!

3 こんな職場だと、残念ながら矛盾に映ります

◎社員のメンタルヘルス面へのケアが皆無で離職率が高い

4 社会の課題・活動を知るだけでも一歩前進

◎「バイク・トゥ・ワーク・ディ」と「ベジタリアン・ディ」の存在

！ 参加できる社会貢献活動や寄付先のリスト

◎With Midwife
福利厚生の新基準。職場に顧問助産師で働く女性をサポート
https://withmidwife.jp/

◎古着 de ワクチン
不要な衣類を送るとポリオワクチンになって子どもに届く仕組み
https://furugidevaccine.etsl.jp/

第4章

『質の高い教育』をあなたの会社が皆に

中小企業として地域に“学び”の提供を

SDGsの4つ目にある『質の高い教育をみんなに』は、
恵まれない国々が豊かになるための大事なカギです。

国によっては、子どもは労働力。
「学校なんて行っていないで、うちの仕事を手伝え」と、
日本ならランドセルを背負って習い事に忙しいだろう小学生と同世代の子が、大人と同じく農作業や魚獲りをする毎日を送っている姿は、決して珍しいシーンではありません。
国が国なら「女の子である」という理由だけで、
学校に通わせてもらえないというところもあります。
そういった国々に学校や図書館を建てるという貢献もアイデアですが、国内に目を向けても**学びへのサポート**は可能です。

この章では、中小企業が根差す地域の子どもたちに、**学び**や**返済不要の奨学金**の提供といった、グローバルではなく極めてローカルなSDGsの活動を事例として挙げています。

〈ルーム・トゥ・リード〉と共に途上国の教育をサポート

4番目のゴールである『質の高い教育をみんなに』へ向けて、あなたの会社が取り組みを絞るなら、ご紹介したい団体が〈ルーム・トゥ・リード〉です。

もともと〈マイクロソフト〉の役員だったジョン・ウッド氏が起ち上げたNGOで、その成長と規模は世界最大級。これまでの歩みは『マイクロソフトでは出会えなかった天職～僕はこうして社会起業家になった』（武田ランダムハウスジャパン）等で書籍にもなっています。とても面白い本です。

もちろん日本にも支部があり、途上国に図書館を建てるサポートの仕組みや、また同NGOを通じて建てた後のノウハウもたくさんあります。

日本の中小企業にとっても、無理なくサポートできる寄付制度が用意されているので、ぜひともサイトを一度見ていただければと思います。

私は以前に『図書館を建てても、そこに置く自国語で書かれた絵本が足りない国も多々ある』という話を日本の支部を取り仕切る今尾礼子さんから聞き、共感し、仲間と寄付金を集めてカンボジアでクメール語の絵本を出版したことがあります。

サイトはこちら！ http://japan.roomtoread.org/

ស្នាមញញឹមមិត្តភាព

その当時の〈ルーム・トゥ・リード〉の絵本づくりのプログラムは1冊120万円だったと思います（現在は絵本づくりへの寄付はできないそうです）。現地のライターやクリエイターにお願いするので、カンボジアに仕事を創出できるというところも、私にとっては支援の決め手になりました。

これは例外中の例外なのですが、あまりにも楽しそうなので、その絵本づくりの工程に私も作家として混ぜてもらい、この絵本の裏表紙には有難いことに現地のチームの一員として私の写真も載せていただいています。

オフィスに積み上げられたビジネス書で貢献する方法

もう少しライトな貢献の方法もあるといいですね。

同じく〈ルーム・トゥ・リード〉が行っている〈ブックバトンプロジェクト〉はユニークで簡単。明日からでも中小企業がお金をかけずに行動を起こせるグッドニュースです。

〈ブックバトンプロジェクト〉は読み終えたビジネス書や小説、マンガやDVDなどを事務局に送ることから始まります。事務局は送られてきたそれらの本などを中古品として買取査定。その買取額が教育環境の整っていない国の図書館や学校設立、あるいは子ども向

サイトはこちら！

http://japan.roomtoread.org/campaign/bookbaton/

け書籍の出版などの用途で〈ルーム・トゥ・リード〉へ直接寄付されるという仕組みです。

私が知る限りでも、社内に読み終えたビジネス書やノウハウ本やデザイン書が積み上げられている会社は多いです。大掃除のタイミングで捨てるなら、それをぜひ次回は〈ブックバトン・プロジェクト〉の事務局へ。あなたが送る本が〝子ども向け〟である必要はありません。これらの書籍が途上国の図書館の本棚に入るわけではなく、イメージとしては「古本を売って本来はあなたに渡される買取額が〈ルーム・トゥ・リード〉に送られる」という感じです。

〈ルーム・トゥ・リード〉は「途上国に住む１千万人の子どもたちに教育の場と機会を提供する」というビジョンで、２０００年から活動を続ける私がとても信頼している団体です。

質が高い教育を日本国内のみんなへというアクション

私が問題視していることのひとつに、日本の奨学金問題があります。

日本学生支援機構の奨学金利用者をみると、今の日本では学生全体の2.7人に１人が奨学金制度を利用しているそうです。ほんの20～30年前まで奨学金を利用する学生は全体の２

割にも満たなかったのが、現在は学生の約1/3にまでなっています。

背景にあるのは親世代の所得が上がらないことです。

本人が学業を終え、無事に就職をすれば、そこから奨学金の返済が始まるわけですが、一昔前と異なり今はせっかく就いた仕事も数年以内に辞めるというケースも多いです。メンタル面の健康を崩して辞めた場合、その先の返済も苦しいものに…。

米国で奨学金といえば、それは「スカラシップ」のこと。返済する必要のない給付金制度です。

日本の奨学金は、ほとんどが有利子型の返済義務があるもの。つまり、教育ローンです。

これらを全部ひっくるめて奨学金と呼んでしまっているところに、そもそもの問題があると思います。そこで私はコンサル先の企業と、地元への貢献のために返済不要でオリジナルの奨学金制度を構築するということをすすめています。

これも『質が高い教育をみんなに』というＳＤＧｓゴールを満たすと思います。

ひとつのお手本が福島にあります。

〈八光建設株式会社〉は郡山市に根差して半世紀、社員数60名ほどで土木や住宅を事業と

上から〈フューチャーフクシマ奨学金〉のロゴ。その起ち上げや寄付集めを行う社内のブランディングチーム。最下部は記者会見＋授与式の様子

している中小企業です。

同社は２０１８年から〈フューチャーフクシマ奨学金〉という名で独自の奨学金制度を実施しています。その額は「末広がりに未来が広がりますように」との願いを込めて、ひとりへの支給は88万円。用途は学費でも、引っ越し費用でも、短期留学する資金でも構いません。お察しの通り、これは〈八光建設〉の「８」にもかけた額になっています。

奨学金を得る条件は２つ、そしてシンプル。

ひとつ目は「福島に住んでいる、もしくは福島出身ないし福島にゆかりがある16〜19歳の進学希望者」であること。もうひとつは募集期間中に２０００字程度のエッセイを『フクシマを建て直す』という題で書いて提出することです。


会社としては、たとえ東京や海外で学んでも「いずれは福島に戻ってきてほしいな」という想いや、もちろん建設業…そして「できればウチに！」という考えも冗談では出ていますが、実際にはそこは不問です。とにかく、「何かしらの形で福島を建て直すことに貢献してほしい、そのプランや考えをエッセイを通じて教えてほしい」というのが純粋に考えていることです。

年間２〜３本程度のスピードで奨学金を提供しており、それは今後も続いていきます。

支給する日は記者会見が行われ、そのご家族も誇らしげ！

写真のような形で華やかに発表されます。これは本人とご家族にとっては自慢です。

それだけ優秀なエッセイを書いたわけですし、選考する〈八光建設〉のブランディングチームや外部有識者の心を子どもながらも揺さぶるメッセージを伝えたわけですから！

「それって原資は、どうしているの？」と思われるかもしれません。

そこは社員の教育と研修も兼ね、こんな風にしています。

まずチャリティイベントや募金活動、商品（八光建設は雑貨店や飲食店もやっています）に寄付金がついたものを一定期間売るなどして、社員が奨学金の半分にあたる「44万円」を集めます。

特に期間を設けていないので、早く集まるときも時間がかかるときもありますが、いずれにせよ額に達したら、社長に報告。社長が会社としての寄付を、もう半分である「44万円」という額で上乗せ。足して「88万円」になるという社内の仕組みでまわしています。

だから社員もみんな当事者意識を持っています。苦労して集めたお金でもあるから、その行方や受け取った学生を弟や妹のように見守っています。とてもいいことだと思います。寄付集めや記者会見を通じ、本業以外でも社会との接点を社員は幅広く持てますからね。

また、社員が地域の小中学校に出向いて出前授業をやることも、ひとつのアイデアです。私の場合はコンサル先の〈市村工務店〉を通じて、大工さんが直接地域の小中学校に出向き、一緒にモノづくりをするという出前授業の仕組みを構築しました。近隣の教育関係者や児童館などにも趣旨や詳細がわかるように、配布用のチラシもつくります。

大工さんの時間もありますので、お引き受けするのは年間で5件と上限をつけていますが、これもひとつのＳＤＧｓ。「質が高い教育を地域の子どもたちに、それを自分たちの得意分野で」行っていることになります。

大工さんの数は、この日本で激減しています。一昔前の半数まで、その数は落ちています。大工さんの仕事の尊さを次世代に伝え、それが少しでもインスピレーションとなって子どもたちが大工の世界を目指すことになれば、これはＳＤＧｓの他にも〝業界貢献〟であるといえます。

もしも、あなたの会社が既にこういった地域の子どもたちに向けての出前授業や、何かしらの形で〝仕事や業界のことを教える〟ことをしているならば、それをさらにＳＤＧｓ寄りにしていきましょう。定例化し、さらに見せ方のカッコイイ化をしていってチューン

ichi college
最高のものをつくろう
ICHIMURA
<イチカレッジ> が 出張スタイルの授業を始めます！
その名は <イチカレッジ TO-GO>！
大工さんが県内の小中学校に出向いて、ものづくりの楽しさを伝えます。
5ヶ所限定
023-644-6878
ichi-college@ichicom.co.jp

家づくり・ものづくりに関わる楽しさを、
大工さんと一緒に教室へ、お届け！
ichi college
023-644-6878
ichi-college@ichicom.co.jp

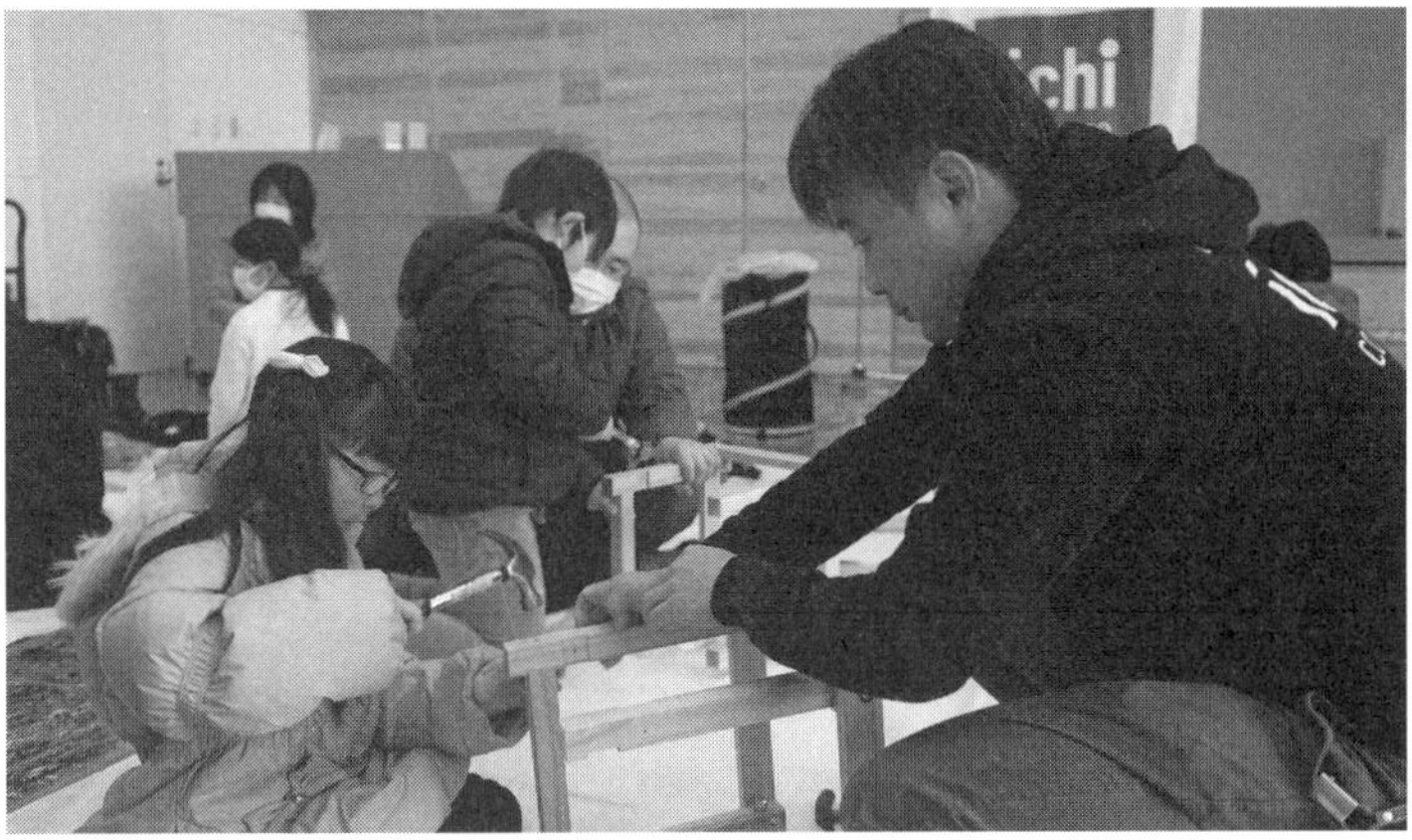

を合わせ、自信を持って周囲に「その分野で活動している」といえる域までいけば、この4つ目の項目に取り組んでいるといえるのではないでしょうか？

「質が高い教育」にスポーツを含めるという発想もあり

3つ連続で建設会社の事例を…。段々と北上して、最後は北海道で締めたいと思います。

途上国における教育は、まず読み書きや計算。でも、日本においては、そこにスポーツを加えてもいいと思います。地域の子どもたちにスポーツに触れる機会を提供するというアクション。こんな取り組みをしている建設会社が、北海道は千歳市にあるのです。

その名前は〈ブレイン〉。社長である坂本茂敏さんが率いる社員は約20名で、その歴史もちょうど10年を超えたところの、小さな会社です。

しかし、スポーツへの貢献や想いは、どこよりもビッグ。スポーツやアスリートの応援のために会社をやっているんじゃないかと思うほどの熱いサポートを、特に野球やスキーといった（坂本さんが好きな）競技には惜しみません。

日本トップレベルのアルペンスキーヤーたちが世界を転戦するときの資金も何人にも出しますし、そういった競技経験者や現役選手をクルー（ブレインでは社員を、こう呼びます）として迎え入れ、トレーニングの環境提供も兼ねて札幌の一等地でジムの経営もしています。

野球に関しても近隣の少年チームが「ユニフォームがほしい」といえば、全メンバー分を気前よくプレゼント。何シーズンにもわたって、何チームにも、です。

と、ここまでは特にＳＤＧｓではないのですが、極めつけは千歳市内の野球少年たちのためにつくった室内野球練習場。〈ブレイン・ボールパーク〉と名付け、地域の子どもたちに無料で開放しています。

「雪で練習時間が限られる千歳の子どもたちに、何かしてあげたかった」と、坂本さん。

まさに『質の高いスポーツ教育をみんなに』を実行したわけですが、これがつくられたのは２０１６年。この書籍の執筆の時点では、ちょうど４年が過ぎようとしています。

「大人も子どもも含めて、リピーター含めて累計では１万６千人以上が利用してくださっています。会社の存在自体が『地域のためになっている』といってくださる方も多く、とても嬉しく思います」と坂本さんはいいます。

第4章
まとめ

質の高い教育を みんなに

すべての人々に包摂的かつ公平で質の高い教育を提供し、生涯学習の機会を促進する

1 すでにやっているなら、それはSDGsです！

◎質の高い社員研修をバイトや協力会社も含めて実施

その活動を深掘りしたり、SDGsとして行っている宣言を！

2 明日からマネできる中小企業としての活動

◎社員が地域の学校に出向き、お仕事のことを出前授業

3 こんな職場だと、残念ながら矛盾に映ります

◎社員の社会人としてのマナーが平均的に低いとがっかり

4 社会の課題・活動を知るだけでも一歩前進

◎高校生たちに向けた返済不要の奨学金が求められている

! 参加できる社会貢献活動や寄付先のリスト

◎ルーム・トゥ・リード・ジャパン

元マイクロソフト役員のNGO。途上国に図書館や絵本を提供

http://japan.roomtoread.org/

◎プラン・インターナショナル・ジャパン

途上国の女の子が教育を受けられるように支援活動を展開中

https://www.plan-international.jp/

第5章

社内における『ジェンダーの平等』にも注力

ジェンダーを超え LGBTQ フレンドリーに

外国では結婚式で初対面となる男性と結ばれることがあります。
その国の文化・風習・伝統等を、私たちは尊重しないといけません。ただ「それに逆らい自分で結婚相手を選んだ女性が、親族によってなぶり殺された」という話を聞くと、何ともやるせない気持ちになります。

他にも「女の子という理由だけで、学校で学ぶことができない」「そもそも労働力にならないので生まれてくることを望まれていない」など、国や地域によっては**女性だからこその生きづらさ**を感じている人が、いまだ大勢います。

その状況にはない今の日本。
私たち中小企業にできることは何でしょう？
異国のジェンダー平等への貢献も大切ですが、
さらに国内や自社のそれを深掘りすることも大事です。
それを飛び越え**LGBTQフレンドリー**になることも、
また一案です。

先進国でも感じるジェンダーの不平等

男女の不平等は、先進国でも同じです。

2019年のFIFA女子ワールドカップで見事に優勝した米・女子サッカー代表チームは、キャプテンのミーガン・ラピノー選手を中心に、男子アメリカ代表チームとの給与やボーナスの格差を、ことあるごとに訴えています（女子は優勝回数3回、男子は0回）。

これには放映権や興行として人気に差があるだけという声もありますが、同様に2020年の映画の祭典・アカデミー賞はどうでしょう？ 映画『スターウォーズ・シリーズ』でもお馴染みのナタリー・ポートマンは「これだけ優秀な女性映画監督が出てきたのに、誰ひとりノミネートされていないのはおかしい」と、そのアワード当日の衣装に、それら女性監督たちの名前を刺繍で縫い、男女の評価の平等を全世界に向けて問いました。

ハリウッドの話ならエンタメ業界の男性権力者によるハラスメントへの告発が続々と女性側から挙がってきた「#MeToo」も記憶に新しいですね。

一方、それを元にした「#KuToo（「靴」や「苦痛」といった言葉と掛け合わせ「女性が職場でハイヒールやパンプスを履くことを強要されるのはおかしい」という抗議運動）」で立ち上がった日本の女性たちは、どうでしょう？

２０１８年に世界経済フォーラムが発表した、「グローバル・ジェンダー・ギャップ（世界の男女格差）指数」によると、日本は１４９カ国中の１１０位。先進国中では圧倒的な最下位。詳細を見ると政治や経済という重要な部分で、日本の女性は世界に比べ、まだその数や活躍が十分ではないようです。

全国の中小企業や自治体をまわる毎日の中で、働く女性は多いもののリーダーシップを執る立場となると、その数は少ない…。私も、台湾でも企業や地域のブランディングの仕事をしていますが、台湾の方がはるかに女性がリーダーとして活躍していると思います。

社員の普段の言葉づかいが与える、周囲への強い印象

ブランディングで大事なのは「企業として発信していることと、やっていることの間に矛盾をなくすこと」。

たとえば、子ども向けの教材を扱う会社の社員なのに、社用車の運転は乱暴でクチも悪い。いつも歩きタバコで、話は酒とギャンブルのことばかり…なんて会社のイメージは、

どうでしょう？　その社会的信用度は、どうでしょう？　こういう会社は長続きするでしょうか？

ロゴや印刷物、ホームページを格好よくするだけがブランディングではありません。子どものお手本になるようにスタッフの立ち居振る舞いまで紳士化して、はじめて真摯な姿勢の会社として世間から支持されるようになっていくのです。そこまでルールを決め、ブランディングするのが、私の仕事です。

特に5番目の『ジェンダーの平等』に注力しようと決めた会社には、スタッフの日々の言動・行動にも要注意です。ＳＤＧｓのバッジを胸につけている会社の社員が職場や商談の場で「おんな…」「オンナ…」と口にしていることに、時に違和感を覚えます。「女性の方…」「女性たち…」など、失礼と感じる女性がひとりもいないように、ここはルールが必要です（同様に平等というなら男性にも同ルール適用ですね）。

同時に違和感を覚えるのは、こんな会議室での光景です。

長い会議の終わりごろや議論が止まったところで、上の立場の男性の方がひと言…、

「じゃあ、このへんで女性の意見も聞いてみようか？　どうですか、女性の方は？」

これ、意外と頻繁に見かけるシーンです。こうして促さないと女性が意見できない会議

の雰囲気にも問題があるし、またこう聞くことが女性軽視に映るという見方もあります。

そもそも「女性に喜んでいただきたい…」といいながらも、商品やサービスを考える会議の場に女性が少ない、もしくはゼロなんてこともままあったりします。

調査によると先進国におけるモノやサービスの購買意思決定は、直接的にも間接的にも８割は女性が行っているそうです。

家具も住宅も、どんなものを買うかは最終的に奥さまやパートナーの女性の意見が強いです。クルマも男性がどんなにワクワクとカタログ持ってこようが、「白いミニバンにしておきなさい」と奥さまやパートナーにいわれたら、実際そうなる世帯が多いと思います。

そんな時代における先進国の会社の会議室は、本来ならば８割がた女性じゃないといけないはずです。それは社員構成上ムリだとしても、せめて半分は女性…いや、ここはクオータ制を導入するといいかもしれません。

〝クオータ〟には〝割り当て〟という意味があり、政界でよく使われます。ノルウェーが発祥で、議員数や党員数のうち、あらかじめ「○割は女性じゃないといけない」と割り当て数を決めるという制度です。今はインドの地方選でも、それが定められています。

これ、ぜひ会議でも社員数でも、はたまた部署における割合でも、日本の中小企業で導入したら、今現在なら斬新です。そして、とてもＳＤＧｓです。

「異性が好きとは限らない」という前提で会話をする

さあ、今度は場所を会議室から会食に移しましょう。お酒が入ってくると出てきそうなのが「で、○○ちゃんは、どんな男性が好みなの？」という類いの質問です。今の時代にはぎりぎりアウトです（付き合いや仲よし度、また誰が誰に質問しているかにもよりますが）。

でも、もうひとつマズいのが、女性は「男性が好きである」を前提としていること。

その逆もまたしかり、です。

いろいろな統計がありますが８〜15人に１名くらいは「ＬＧＢＴ」の方です。つまり、あなたの職場にも、そういった性的マイノリティの方々がいる可能性はゼロではないです。

さらに今は「レズビアン（Ｌ）」「ゲイ（Ｇ）」「バイセクシュアル（Ｂ）」「トランスジェンダー（Ｔ）」に加えて、自分の性的指向を定められない「クエスチョニング（Ｑ）」や「クイア（ＱＵＥＥＲ）」といった層が加わり、「ＬＧＢＴＱ」といわれるので、仕事を職場で共にする性的マイノリティの存在はより増加傾向にあるといえます。

そういった方々とお話をすると、たびたび「好みや付き合う対象が常に〝異性〟という前提で会話が交わされることがつらい」ということを聞きます。

今は単に男性・女性だけというシンプルな話ではないということも、これを機会に職場で認識し、社内のカルチャーやルールを整える際に含めていきましょうという提案です。

私が〈ホンダ〉の社員だったときに、社内のルールの中でも好きだったのが「役職や年齢、立場や部門にかかわらず、全員が互いを〝さん付け〟で呼ぶ」というものでした。これにより互いをリスペクトする気持ちは常に職場で保たれていましたし、ジェンダーのみならず年齢の平等のようなものも、いい意味であったと思います。

創業者・本田宗一郎が小学校しか卒業していなかったこともあり、「学歴や学閥は邪魔。フラットな組織にしたい」というポリシーが、このルールの背景にはあるのですが〝フラット〟は、それすなわち〝平等〟ということです。中小企業の『ジェンダーの平等』を、まずは誰にでも〝さん付けルール〟から始めるのもいいのかもしれませんね。

ジェンダーの平等を推す会社として、ユニフォームに虹を

ＳＤＧｓのカラフルなシンボルを随所に用いるのもいいですが、ＬＧＢＴＱの象徴であるレインボーを多用するのもおすすめです。

アメリカでは６月のＬＧＢＴＱ月間、プロスポーツチームはこぞってレインボーを活かしたユニフォームに切り替えて、それを着て選手たちはプレイします。アパレルブランド等も、その月と前後にはお祭り騒ぎでレインボーをモチーフにした商品を売り出します。

私が好きなサッカーの世界なら、本書を執筆している時点でドイツ・ブンデスリーガの２部に属する〈ザンクト・パウリ〉というチームが社会問題の発信に一所懸命で、写真のようにユニフォームや練習着などにレインボーをあしらい、「ＬＧＢＴＱの支援」を示しています。

それに倣って、私も私がデザインを手掛ける全国の企業のユニフォームの多くには、レインボーのタグを、そのクライアント企業の同意を得て入れています。

もしも、あなたの会社が『ジェンダーの平等』にＳＤＧｓアクションを定め、またその〝ジェンダー〟をＬＧＢＴＱにまで広げて考えていく場合は、ぜひ会社のアパレルのどこかにレインボーの取り入れをおすすめしたいです。

これからあなたの会社にジョインしてくる若い世代は、このレインボーという象徴に対してアンテナが立っています。採用活動の一環という側面でも、きっとそれは役立ちます。

白黒の写真なのでわかりにくいですが、すべてさりげなくレインボー

ジェンダーレスな新規事業で採用を成功させた例

採用の話が出たので、この章の最後に、こんな事例を挙げたいと思います。

私がコンサルタントを務めるお洋服のお直しを首都圏中心に約40店舗手掛ける〈アンコトン〉という会社のお話です。

お洋服のお直しのお店というと、丈つめや修理などに利用されると想像されるでしょう。しかし、こういったお店に意外と多いのがLGBTQのお客さま…。「男性だけど、かわいいワンピースを着たい」「女性だけど、スリーピースのスーツでばっちりキメたい」という方が衣類を持ち込み、必要に応じてサイズの調整をするのです。ファストファッション等で購入した洋服の直しも多いそうです。

ただ、そういった依頼をお店の窓口で行う場合、なぜかウソをつく方も少なくないのです。「妹のものなんですが」とか、「兄に代わって持ってきました」というような感じです。〈アンコトン〉のスタッフは、ウソに気付いています。それどころかLGBTQのスタッフもいて、すでにその理解も深かった〈アンコトン〉は、この状況を会社をあげて『何とかしてあげたい』と考えていました。そこで何名かの社員と社長で、ある日こんなことを考えたのです。

「日本初のＬＧＢＴフレンドリーな、お洋服のお直しサービスを起ち上げよう」

こうして生まれたのがジェンダーレスを売りにしたネット専用で、箱に入れて洋服を往復させることにより完結するサービス〈マダムＭ〉という衣類のお直しブランドです。

この〈アンコトン〉の新たなサービスブランドはリリース後から、たくさんのメディアに取り上げられていますが、そのビジネスとしての成功よりも強調したいのは「採用活動への貢献」です。

〈アンコトン〉の取り組みに賛同や感動をした全国の方々が、次第に「御社で働きたい」といってくるようになったのです。もちろん、その中にはＬＧＢＴＱの方、ＬＧＢＴＱに対して理解があり応援したいという姿勢の方、その両方がいます。

ちなみに、ＬＧＢＴＱを応援したり、ＬＧＢＴＱに対してフレンドリー、また自身はＬＧＢＴＱには該当しないけれど、そういった方々との交流は大事にしたいと考える人のことを「アライ（ＡＬＬＹ）」といいます。

〈アンコトン〉は会社自体がアライ。ひとつのアイデアとして、こうして会社として「アライになる」は、ＳＤＧｓの５番目のゴールに近づくためのアクション。参考までに。

第5章
まとめ

ジェンダー平等を実現しよう

ジェンダーの平等を達成し、すべての女性と女児のエンパワーメントを図る

1 すでにやっているなら、それはSDGsです!

◎女性の積極的な採用やリーダーへの起用。賃金の平等

その活動を深掘りしたり、SDGsとして行っている宣言を!

2 明日からマネできる中小企業としての活動

◎ジェンダーの平等を超えLGBTQフレンドリーな会社になる

3 こんな職場だと、残念ながら矛盾に映ります

◎女性が発言できない雰囲気の会議。女性によるお茶汲み

4 社会の課題・活動を知るだけでも一歩前進

◎クオータ制(割り当て制)を設け女性参画のバランスをとる

! 参加できる社会貢献活動や寄付先のリスト

◎ミモザの日(国際女性デー)を実施

世界的に女性を敬う日。
職場を黄色で彩り社内の女性に感謝を

◎〈ジョイセフ〉と〈ホワイトリボンRUN〉

女性支援団体のジョイセフと、
妊産婦の安全を願うRUNイベント

https://www.joicfp.or.jp/jpn/
https://www.wrun.jp/

第6章

『安全な水とトイレを世界中に』を災害時に

自然災害が多い日本で中小企業ができること

今後の世界は「**水をめぐる戦争の時代に突入する**」といわれています。

「核を保有する国、していない国」で語られることが多い世界ですが、それは段々と「水を持つ、持たない」で語られるようになると…。


水の惑星・地球というけれど、その97%は海水。

実際に**使える淡水は実に少なく僅か0.01%**です。

加えて毎夏の世界各地の暑さや、狂ったような大雨で、
各地の水がめも不安定。

オーストラリア人は「子どものころにあった湖が今は干上がってない」と危機を感じています。

豊かな大河だった長江（揚子江）も季節によっては水が流れない箇所があり、もはや河とは呼べない時もあります。

「どの蛇口からも飲める水、いつでも清潔できれいなトイレ」という、このゴールにおいて日本の中小企業が貢献できることは？
着目したいキーワードは**“自然災害時”**です。

豊かに感じるから日本人は危機感なし

「水ストレス」という指標があります。日常生活に不便を感じる地域は「水ストレスがある」とか「強い」という具合で語られるのですが、これが深刻になると国内の農業や工業もまわらなくなってきます。それらの活動は大量の水を必要としますからね。

実は日本は水ストレスの地図で見れば、すでに危機を示されて真っ赤になっています。ただ、それを感じないのは、日本は多くのモノや食糧を輸入しているからです。モノや食糧をつくる過程で必要な水は、そのモノや食糧の原産国の水を使っているから、その水ストレスを感じないで済んでいるのです。この〝見えないけど、それをつくるときに使った水〟のことをバーチャルウォーターといいます。

ユネスコは２０５０年までに世界人口の半分が水不足に陥ると予測しています。海外の水も、国内の水も、今後はその使い方や考え方が大きく変わってくる可能性が高いです。

ＳＤＧｓの６つ目のゴールは『安全な水とトイレを世界中に』。途上国のみならず日本、そして足元である職場のことも含め、今できるアクションを一緒に考えていきましょう。

SDGsバッジをつけるなら「節約している」印象を

ＳＤＧｓへの取り組みにも熱心で、商品や社屋を通じて世界のトップ企業を唸らせる環境保全のアクションを続けるシャンプーメーカーの〈O'right《オーライト》〉という会社があります。

台湾・桃園市にある本社を自らグリーンヘッドクオーターと呼び、そこにある仕掛けや考え方は、もうそれだけで一冊の書籍に十分なり得ますが、ここでは取り急ぎ〈オーライト〉の水に関する活動をいくつか書きます。

屋上に雨水を貯め、それをゆるやかな滝のように建物に垂らす…。風向きを計算し、その水に触れた空気が社員たちの働く場所に届き、暑い台湾の夏もエアコンなしで過ごせる設計にしている等々、アイデアを挙げたらキリがないのですが、特筆すべきは社内の手洗い場やシンクのすべてに、いわゆる水を出すためのレバー等がひとつもないこと…。

では、どうやって水を出すのか？

各人が手洗い場に立ったとき、その足元にあるペダルを踏んで水を出します。これがまた、なかなか固いというか重いというか、そのペダルはスポーツカーのよう。でも、それでいいんです。会社としての方針は「絶対に必要な量の水しか使わない」ですから。

彼らとの会話で衝撃的だったことは、こんな質問から始まりました。

「〝グリーンシャンプー〟って聞いたら、どんなシャンプーを想像する？」

ひねらずに考えたら、オーガニック素材の人の肌にも自然にもやさしいシャンプーを思い浮かべるでしょう。でも、彼らはこんな商品開発への考えを教えてくれました。

「それだけではダメだと思うんだ。お湯をつくるのにはエネルギーを要するし、当然シャワーを長い時間浴びれば、それだけ水もムダになる。自然にやさしいシャンプーとは、『すすぎがスピーディに済む、泡切れのいいもの』であるべきだと僕たちは考えているんだ」

素晴らしい発想ですね！　その考え方の細かさに、とても感動しました。

〈オーライト〉については、後述しますが、まずはまとめとしてここで伝えたいのは、「会社として、水を大切にしていることを、どれだけ来客や世間に伝えられるか」ということ。

今の時代に、そして胸にＳＤＧｓバッジをつけているならなおさら、まずは「うちは水を節約しています」を発信できるように、社内のルールを強化していくといいと思います。

来客に「水を大事にしている会社だな」と思われるように

ブランディングは、トイレも含めた職場の空間プロデュースもタスクのうち。私はこれまでに全国でおびただしい数の〝職場の見た目〟を改善してきています。

その多くで私がトイレに置いた石鹸が、写真のこれ。環境大国・ドイツで生まれたブランドです。ボトルに書かれた『私を使っているときは水を止めて』というメッセージを、その会社内や来客に伝えたくて、これを採用しています。そもそもかっこいいので空間の彩りに一役買ってくれますし、最近は「これもＳＤＧｓのうち」と伝えて導入しています。

来客といえば、会社として出す水やお茶…。

世界が脱プラスチックに動いている中、ＳＤＧｓに取り組む会社がペットボトルで飲み物を出すのも再考すべきですが、では「コップに水を注いで出す」でいいのでしょうか。コップで出された水は、一切クチをつけなくても、そのコップを洗うという作業が発生します。コップ１杯の水に対し、洗う場合は最低でもコップ３杯位の水を要します。

『ジェンダーの平等』の本文のところで伝え忘れましたが、女性スタッフが来客に飲み物を運んでくるのも、もう時代にそぐわないと思います。

たとえば欧米なら会議室の端に誰かがワゴンや小さなテーブルに、リンゴジュースやオレンジジュース、ポットに入ったコーヒーや、ピッチャーに入った水を用意してくれることが多いです。コップも置いてあり、飲みたい人が各人自由に自分の好きなドリンクを入れて会議中に飲むというスタイルです。こんな風にすれば余計なコップの洗浄や、残ったドリンクを捨てるという行為も減ると思いますし、また何より「職場のドリンクは女性が持ってくるもの」という流れを変えられます。

覚えている方も多いと思いますが、〈ボルヴィック〉には『１ℓfor《フォー》10ℓ』というキャンペーンがありました。ユニセフと連携したキャンペーンで、その名の通り〈ボルヴィック〉が1リットル買われるごとに、アフリカに清潔な水が10リットル分生まれるという内容で、ドイツで始まり、その後フランス、日本と世界に広がった一大プロジェクトでした。

日本では２００７年から10年続いたのですが、〈ボルヴィック〉のウェブサイトによると、手押しポンプ付き深井戸の建設を90基、修理を１６９基、ソーラーパネルの給水設備建設は18基という数でサポートできたそうです。

こんな活動をしているミネラルウォーターブランドを、あなたの会社が使うとなれば、それはそのままＳＤＧｓの６番目を満たします（もしペットボトルで出すなら）。

私が知る限り、こういった類いの社会貢献的なエシカルなミネラルウォーターブランドには、他に英国の〈ＢＥＬＵ〉というブランドがあります。利益の１００％が途上国での清潔な水の確保に使われる社会派ブランドなので、ぜひ一度サイトを覗いてみてください。

中小企業は互いに会社を仕事で訪問することで、いろいろな刺激を受ける間柄です。

あなたの会社が水を大切にしている姿勢や、飲み物の出し方ひとつとってもＳＤＧｓ的にやっていたら、それを見た他の企業はきっとインスパイアされること必至。改善案を考えてみましょう。

サイトはこちら！ https://belu.org/

災害時に「安全な水とトイレ」を提供するという考え方

東京・青山一丁目交差点にある、あの白いシンプルなビルが〈ホンダ〉の本社なのですが、あの建物には創業者である本田宗一郎の考えが、たくさんつまっています。その基になっている考えは、「我々はクルマという凶器を毎日つくって、人を傷つけることに加担してしまっている。だから、このビルが人を傷つけるようなことが絶対にあってはならない」というもの。

それゆえに、あの白い建物には〈ホンダ〉という看板的なものがありません。「ここが〈HONDA〉かぁ」なんてドライバーの脇見運転が発生しないようにという配慮です。

窓も今風のガラスが前面に出ているようなスタイルではなく、必要以上に広いバルコニーが各階についています（だから、中は狭いです）。それは地震の際に窓が割れ、地上にいる方のアタマに落ちないような設計にしているからです。

そして、その地下には1万人分の水と食料が常に準備されています。これは「いざ災害が起こったら、地域の皆さまのためにならないといけない」という発想からです。

〈ホンダ〉は今でこそグローバルブランドですが、ご存じのように元は浜松で生まれたベンチャー。今でも中小企業のスピリットのようなものは生きていますので、私たちが学び、マネできるような部分は多いです。

そこで、この「災害の際に地域に向けて…」という点も、アイデアとして話し合ってみるのもいいと思います。

中小企業として『安全な水とトイレ』を、災害の際に自社社員だけではなく、その家族、そして地域の皆さまのために備蓄しておくというのも、これまたＳＤＧｓアクションです。

災害グッズとしての簡易トイレは、日本ならネットで簡単に見つかります。クルマが立ち往生なんてときのために、社用車の中に積んでおくのも、ひとつの手ですね。

日本人には貧困より遠い、清潔なトイレという世界問題

トイレや地下水は、あって当たり前と思うかもしれません。

でも、世界には国民が必要なものを与えるという政府の方が稀だったりします。

数字的には改善されてきているものの、世界で見ると３人にひとりは、いまだにトイレを使っていない状況にあります。また女性の場合、用を足そうと離れた場所に行くときに襲われるというケースも多いと聞きます。トイレは紛れもなく国境を越えて解決すべき人

類全体の問題なのです。

トイレ先進国の日本の会社で、その解決に向けて歩み始めている会社があります。

あの〈ＬＩＸＩＬ《リクシル》〉です。

その時々で貢献のカタチは異なりますが〈リクシル〉の「みんなにトイレを」というプロジェクトは、「同社の一体型シャワートイレが1台売れるごとに」や「その売り上げの一部」、または「寄付」により開発途上国に簡易式トイレ（ＳＡＴＯという名称）を贈るというもので、この本を執筆している時点での直近データでは過去2年間で40万台、人でいえば200万人の衛生環境を改善してきたといいます。

それ以前からの〈ＳＡＴＯ〉の普及で見たら、その数も設置した国も、はるかにこれを上まわります。これ以外にも、〈リクシル〉は子どもたちに講義やイベントを通じて世界のトイレ問題を教え伝えていたりして、その社会貢献活動はユニークかつグローバルです。

私がコンサル契約を結ぶ企業に建設会社は少なくありませんが、仮にその中から「ＳＤＧｓの6番目への貢献をしたい」というところが現れたら、「〈リクシル〉が今取り組んでいるプロジェクトをチェックし、何かを共にできそうなら、それに乗りましょう」と提案することを考えています。世界のトイレ問題に着手しようと思ったら、一度〈リクシル〉のホームページを覗いてみましょう。


サイトはこちら！

https://www.lixil.co.jp/minnanitoirewopj/

再び水の話に戻し、この章を終えましょう。

ここまでに出てきた『すべての人に健康』も、『ジェンダーの平等』も、『質の高い教育』も、途上国における『安全な水』への貢献で解決できるかもしれません。

世界では不衛生な水の摂取が一因となり、毎日８００人の子どもたちが命を落とします。

多くの途上国では水汲みは子どもの仕事で、学校に通うどころではない子は多いです。

また、女性が水汲みに出掛ける時間も危険。その道中で襲われる可能性もあります。

井戸を掘る、ろ過装置をつくる、水を浄化するための浄水剤を送るなど、安全な水のために日本からできる貢献はいろいろな形があります。井戸は掘るだけではなく、その維持や保守、そのエリアに住む人たちへの水に関する教育なども大事。ネットで検索をすれば、たくさんの途上国の水関連を支援するＮＧＯやＮＰＯを見つけることができます。

また安全な水を必要としている国々へ実際に出向き、ワークキャンプという形で井戸掘りができるツアーもあります。これは〈ＨＩＳ〉でもやっています（〈ＨＩＳ〉もＳＤＧｓ推し。様々なボランティア系、または世界の社会問題を知るためのツアーを販売しています）。社長がまずは行ってみる…とか、こうしたワークキャンプを社員旅行にするなども時代に合っていると思います。

第６章
まとめ

安全な水とトイレを世界中に

すべての人に水と衛生へのアクセスと持続可能な管理を確保する

1 すでにやっているなら、それはSDGsです！

◎水の節約の工夫が職場や仕事の随所で見受けられる

その活動を深掘りしたり、SDGsとして行っている宣言を！

2 明日からマネできる中小企業としての活動

◎自然災害に備えて地域のために、水や簡易トイレを用意

3 こんな職場だと、残念ながら矛盾に映ります

◎職場のトイレが前時代的で古く、汚く、気が配られていない…

4 社会の課題・活動を知るだけでも一歩前進

◎不衛生なトイレを使うことで病気になる子どもたちもいる

！ 参加できる社会貢献活動や寄付先のリスト

◎〈ユニセフ〉の支援ギフトで安全な水を

飲み水に変わる錠剤などをサイトから簡単に送ることが可能です

https://www2.unicef.or.jp/card/sgift/sgifttop.html

◎〈HIS〉のスタディツアーに参加する

途上国の村で井戸掘りの経験やトイレの現状を知る機会を

https://eco.his-j.com/volunteer/

第7章

『エネルギーをみんなに そしてクリーンに』を気軽に

エネルギー問題への着手と同時に働き方改革

2019年末にマドリードで行われた気候変動に関する国際会議で、日本は「化石賞」を受賞しました。
この賞は映画界のアカデミー賞に対する、ゴールデンラズベリー賞のようなもの。ダメ出しと皮肉が込められたアワードであり、これが環境団体から贈られたということは「日本のエネルギー事情は遅れている」ということ。
実際、この会議で日本は石炭を用いた発電を止めるとも減らすともいわず、世界の多くの人は落胆しました。

CO_2の排出に悪い意味で貢献してしまっているのが石油・石炭などの「**化石燃料**」の使用です。
それに代わるのが太陽光や風力、水力、地熱、バイオマスの利用で得る電力。「**再生可能エネルギー**」と呼ばれ、世界的にはこれらにシフト中。

SDGsの7つ目のゴールは『エネルギーをみんなに そしてクリーンに』です。

世界に比べても意識が低い、日本の再生可能エネルギー事情

今、世界平均でいえば再生可能エネルギー（再エネ）発電の割合が推計で25％くらい。全体の¼の電力が自然の力から得たもので賄《まかな》われるようになりました。たとえば、ウルグアイは国全体を１００％の再生可能エネルギーでまわしています。約20年前から積極的に海外からの投資を受け、今では海沿いなどは風車だらけ。国全体が電力工場のようになり、世界におけるグリーンリーダーに躍り出ました。

一方、日本の再生可能エネルギー比率は20％以下。世界では再エネのコストが下がっているのに対し、日本ではまだまだ高いですし、台風などの自然災害も多い国土ですので何が効率や維持・安定の面でいいのか検討中。それでも健闘していると思います。実際ウルグアイのように１００％再エネでまわす市町村も国内には続々誕生しており、九州勢は特に優秀。県でいえば大分がピカイチで、茨城なんかも再エネが盛んです。福島県は２０４０年ごろに再生可能エネルギー１００％を目指していて、福島県民なら

誰でも知る〈アポロガス〉の動向も注目されています。〈アポログループ〉のここへのコミットメントは相当なもの。私も一緒に全力でその実現に向けて日々動いています。

エネルギーへの貢献？ 本気で職場のペーパーレス化を

しかし、安価でクリーンなエネルギーを世界のすべての人へ届けようといっても、日本の中小企業は具体的にどうアクションすればいいのでしょうか？

容易に想像できませんよね。

世界では30億人、おおよそ5人にひとりが電気を使わずに生活をしており、今日も不自由を強いられています。それはそれで人類の発展のためには何とかしないといけません。

電気が地域に通るということは仕事がそこに発生します。

それは、その地域に会社や雇用が生まれるきっかけになります。

子どもにとってもグッドニュースで、電気があれば夜もランプの下で勉強できます。

そこで得た学びは、貧困を食い止める糸口になり得ます。

そういった姿を夢見て、国同士が協力し、エネルギーの確保のためにパイプラインの建設なども実際には行われているのですが、ここに日本の中小企業は割って入れるものでしょうか？

私は、この『エネルギーをみんなに そしてクリーンに』という項目に対し、まずアイデアとして掲げたいのは、「あなたの会社のペーパーレス化を、さらに一歩前進させる」です。理由は「エネルギーへの貢献は、CO_2の排出を減らすこと」が、ひとつの策だと考えているからです。

職場での紙の使用量を減らせば、会社として可燃ごみを削減できます。可燃ごみを処理するために要するエネルギーは相当なもの。そこで排出されるCO_2も、また相当なもの。

ひとつの算出方法では「可燃ごみの重さ（kg）×0・34＝CO_2の発生量（kg）」とされ、たとえばＡ４の紙で考えると1万枚で、それは40キロの重さになると…。つまり、それだけで13・6キロのCO_2を会社として出してしまうことになります。

「紙を減らす＝エコ活動」という話についてまわるのは、「紙の使用は悪いことではない。間引かれなければいけない森林があるのだから」という声や、「製紙のための木々は山から勝手に伐採しているわけじゃない」といった声。それも理解しています。

ただ、世界中で仕事をしている私の立場から見ると、どう考えても日本の職場で紙が使われる場面は多い！　それらの多くは必要ない資料だったり、会議後にすぐに捨てられるものだったり…。日本の仕事のやり方は、20世紀終盤からそんなに変わっていないと思います。

でも、たとえば会議ひとつとっても、特に欧米は近年大きな変化が見られます。

会議資料も、その出席者の紹介も、紙では一切渡されず、あるのは会議室のドアに貼られたＱＲコードのみ。それを出席者各人が入室の際に自分のスマホで読み取り、あとはすべてそれを見ながら進行されるという具合です。

帰りは手ぶらで身軽だし、後日の「あの資料どこいった!?」もありません。

これは資料をつくる側にとっても楽ちんです。印刷前の入稿のプレッシャーがなくなり、締め切りを延長できます。誤字・脱字があってもギリギリ、もしくは会議中にだって直せます。私のクライアント先では大きな会議やイベントでは、既にこういうスタイルにしていますが、これをはじめて経験する社外の人にとってはインパクトに、社内のメンバーにとっては働き方改革になっています。

そう、これはリアルなエネルギーの削減のみならず、労力というエネルギーのセーブにも貢献しているのです。

私は自治体自体と仕事をすることも多いですが、特に行政は紙の使用が多いです。

地方の市町村で、そのサイズが小さくなればなるほど、行政は住民やエリア内の企業のお手本としての役割が大きくなっていくのですが、そのロールモデル役がいまだに大量の紙を使っていることに私は違和感を覚えます。

民間も民間で、何かのイベントや新商品・新サービスの話が会議室で出ると、決まって行き着くのは「とりあえず、お客さまに配れる何かを紙でつくろう」という話。ゆえに見本市等では、今も昔も変わらず立派なパンフレットやチラシ等が各社で用意されています（それらは受け取った人により見本市会場内で捨てられていることも）。

この話を講演等でしてすると、たまに「でも、出張に行ったら、なるべく多くの紙類を持って帰ってこないと、遊びに行ってきたと思われそうで怖い」という方がいます。

その気持ちもわかります。なぜなら、それが会議資料でもリーフレットでも、はたまたイベントのスケジュールでも、紙の何かをつくっていれば「仕事している感」の演出に役立つからです。本人も、またそれを見ている上司もそう感じます。

これは受け取る場合も、そう。紙の何かを受け取ったり、持ち帰ったり、はたまたそれに書き込んだりすれば、やっぱり「仕事している感」は出ます。

でも、ＳＤＧｓに取り組むなら、「とりあえず、何か配れる紙をつくろう」から、「今回からは紙でつくるの止めようか」という会話がたくさん会議室で交わされるようになることを願っています。

QRコードでデジタルの資料に飛ばすのが技術的に難しければ、ポスターサイズや大きめサイズの紙資料を1枚つくり、それを会議参加者の方々に写真を撮ってもらってもOK。

ちなみに、前述の台湾のシャンプーメーカー〈O'right《オーライト》〉は全社員のうち、ひとりを除いて全員が名刺を持っていません。出逢う相手が誰であれ（目上であれ）、スマホを互いにかざしてSNS交換するというルールで初対面をこなします。

では、その紙の名刺を持つ〈オーライト〉の、たったひとりの社員とは何者なのか？

答えは『日本市場開拓担当者』です。日本人を相手に「環境保全のために名刺を持たない会社です」といっても、まだ理解されないでしょうね。

パーキングに表れる、その会社の哲学・想い・ユニークさ

さらに〈オーライト〉という優れたSDGs実践企業を事例に挙げると、そのパーキングにも特筆すべきものがあります。

彼らの本社のパーキングは、社長や役員がエントランスの近くに停められるようにはなっていません。そのスポットは「電気自動車を持つ社員」のために空けられています（社長のクルマは〈テスラ〉なので結果として入り口の近くに停めていますが）。

台湾ですからスクーター通勤も非常に多いです。でも、それも同じです。ガソリンで動くスクーターは、いわゆる普通かつ遠くの駐輪スペースに。電気で動くスクーターを持つ社員には、建物に近く、そして整備されたいいスポットが割り当てられています。

これ、ぜひとも『クリーンなエネルギー』に注力する際にはマネしてほしいです。

あなたの会社にクルマ通勤する社員が多いなら、写真のようにグリーンなイメージのペイントやサインを付けて、ハイブリッド車やＥＶ車に乗る社員に優遇的スポットを。〈オーライト〉と同様に、まずは社長が率先して、エコ的に優れたクルマに乗り換えるといいでしょう。余裕があるなら社員のエコカーへの切り替えを促すために、会社独自の補助金を出すのもいいかもしれません。

「社員全員がエコカー通勤」ということになれば、時代を先取りしている感じがします。

もちろん、これは社員のクルマだけではなく、社用車にも通じる話です。

既にハイブリッド車などを多く導入しているのなら、あなたは7番目の『エネルギーを

HYBRID
7
エネルギーをみんなに
そしてクリーンに
OUR SDGs ACTION
SEIJO KOBAYASHI V.C.

電動機車
優先停放區

みんなに　そしてクリーンに』を実践しているともいえます。その際には写真のようなカタチで、社用車を使ってのアピールをするのもひとつの手です。

中小企業のSDGsは「アウェアネス（気づき）」も極めて大事。「これしきのことを周囲にアピールしたら恥ずかしい」なんていわずに、ここは仲間やエリアの他中小企業への気づきを促すことも積極的に行った方がいいと思います。SDGsは、みんなに課せられた宿題ですから。

常に「オフセット」と「ニュートラル」を意識しながらの行動を

社員のクルマのEV化や、仕事で使う紙の削減は、特に製造業や配送業など、事業上どうしてもCO_2の排出量が多くなってしまう企業に早めに検討していただきたいもの。「発生させたCO_2量」と会社のどこかほかの場面で「削減したCO_2量」の差をゼロにすることを〝オフセット〟といいます。二酸化炭素（カーボン）の話なので、正確にいうと〝カーボンオフセット〟。もしくは排出と削減の量をゼロ…、言い換えるなら〝真ん中（ニュートラル）〟にする行為なので、これは〝カーボンニュートラル〟とも呼ばれます。

もしも自社では排出／削減を相殺（オフセット）できない場合は、他の企業のCO_2排出権を購入することもできます。

いずれにせよ、カーボンオフセット・カーボンニュートラルな企業を目指そうとなったら、その会社はおのずと普段使う電力の切り替えを考えるようになるはずです。

つまり、「よりCO_2を排出しない電力に、わが社のエネルギーも替えられないだろうか？」と。

すると、自然と中小企業の目は再生可能エネルギーに向かうことになるでしょう。

日本の中小企業が実際にそう動き始め、ひとつのムーブメントといえるまでになったら、７つ目のＳＤＧｓゴールへの貢献になる。私は、そんな風に考えています。

ちなみに、『安全な水とトイレを…』の章で言い忘れましたが、水にも〝ニュートラル〟という発想は適用されます。業務上、どうしても出てしまった汚水や水のムダ…。その水と同じ量を、何かしら会社としての工夫で削減し、それをイーブンに持っていけたら、それは「ウォーターニュートラル」。

日本では〈コカ・コーラ〉がウォーターニュートラルの目標を前倒しで達成しました。

日本の中小企業が自社オリジナルの発電所を持つ時代

この章の最後に、私のクライアントが行っているチャレンジについて、お話しさせてください。

その会社は42ページや49ページの事例で登場した〈電巧社〉。その名の通り、本業は電気です。彼らのユニークなサービスについて少し触れたいと思います。

同社が新規事業として起ち上げた〈ホームメイド・エナジー〉という仕組み。これは「自分たちでつくるエネルギー」で会社の建物の電力すべてを賄うシステムです。

技術力と規制の緩和で、今の時代はすごいことができるもので、たとえばあなたの会社が本社ビルやお店を東京の郊外に構えているとします。その建物のライトや空調を動かすための電力は自由化によりどこから買うこともできますが、会社の想いを電力にも反映するなら、ここは〈ホームメイド・エナジー〉です。

〈ホームメイド・エナジー〉を利用すれば、あなたの会社の建物を再生可能エネルギー100%でまわすことができます。それだけではなく、あなたはその電力の産地と、何によってつくられた再生可能エネルギーなのかを選ぶことができます。

これを可能にしているのが「ブロックチェーン」や「スマートグリッド」。文字通り「スマート（賢い）」な「グリッド（電力網）」で、ＩＴの力により電力の供給側と需要側を効率よくマッチングしたり、電力を再エネに切り替えられる技術。会社が東京にあっても、遠く離れたところで生まれた電力を、好きに選んで引っ張ってくることが可能なのです。

端的にいえば、これは中小企業が自分たちの発電所を持っているようなもの。

「うちの会社の電力は、すべて福島の太陽光で生まれたものを使っている」

「私のところは、１００％山梨の再生可能エネルギーでまわしている」

こんな会話が交わせる会社は、すごくＳＤＧｓです。

これで電気代が安くなるかといえば、そうでもありません。でも、税制メリットはありますし、社会的なイメージは格段によくなると思います。意識が高い就活生や転職者にも響くポイントにもなるでしょう。採用戦略としても悪くないアイデアかもしれません。

今後は再生可能エネルギーで１００％会社の電力を賄う「ＲＥ１００」という言葉や、全部ではなくても１００％に近づける努力をしているという意味での「Re Action」というフレーズを聞くことが増えると思います。

「Renewable Energy（再生可能エネルギー）」を中小企業が考えることは、これすなわちＳＤＧｓの７番目のゴールへ向けた活動のはじまりになると思います。

第7章
まとめ

エネルギーをみんなに そしてクリーンに

すべての人々に手ごろで信頼でき、持続可能かつ近代的なエネルギーへのアクセスを確保する

1 すでにやっているなら、それはSDGsです！

◎毎年レベルアップが感じられる本気のペーパーレス化

その活動を深掘りしたり、SDGsとして行っている宣言を！

2 明日からマネできる中小企業としての活動

◎パンフや文書等をデジタル化。スマホ活用の機会を増やす

3 こんな職場だと、残念ながら矛盾に映ります

◎社用車にエコ的な要素がなく、社員にも推奨していない

4 社会の課題・活動を知るだけでも一歩前進

◎世界は日本の発電をクリーンと見ていない（皮肉な賞を贈呈）

! 参加できる社会貢献活動や寄付先のリスト

◎〈アースアワー〉に参加しエネルギーの大切さを知る
〈WWF〉の1時間電灯を消して過ごす世界規模のイベント
https://www.wwf.or.jp/campaign/earthhour/

◎〈ホームメイド・エナジー〉で会社の電力をクリーンに
遠隔地の再エネを自社の電力とする“MY発電所”づくり
https://de-denkosha.co.jp/product/homemade-energy/index.html

第8章

褒める職場から『働きがいも 経済成長も』

中小企業のリーダーは「モチベーター」であれ

私は日経BP総研の客員研究員として中小企業の採用の研究にも関わってきました。

その仕事を通じてのリサーチで、就活生が話した忘れられないひと言があります。

それは「『いきいきワクワク』と自らいっている会社の多くはヤバいと思います」という言葉…。

以来、講演会で幾度もこのことを伝えたのですが、会場の若い社会人は大きくうなずき、その横に座る経営者たちは苦笑いという光景が繰り返されました。


先進国の中でダントツで生産性が低い日本の課題を、「**企業がITを使いこなしていない**」と見る有識者もいますが同感。それもひとつです。

でも、もうひとつ日本が他国に比べてポイントが低いものがあって、そっちもかなり問題だと私は思います。それは**“モチベーション”**です。


SDGsの8つ目のゴールへの貢献、一緒に見ていきましょう。

できるトップやマネージャの秘訣は「モチベーター」

日本が直面する問題のひとつは〝モチベーション〟の低さです。

リーダーの仕事は、まず「モチベーターであること」ではないかと思いますが、私が全国の中小企業をまわる中で、上司たちがスタッフを褒めている姿を見る機会は意外と少なく、それもモチベーションの低さの一因かなと感じるときがあります。

たしかに、特に欲しいモノがあるわけでもないし、出世したいわけでもない。「そこそこの肩書で、ほどほどの仕事量でＯＫ」「そこそこの時間に帰れて、ほどほどのところに住めればいい」「働きがいがあれば、自分的には何でもいいっス」という部下をモチベートしないといけないマネージャや経営トップにとっては受難時代。本当に大変な時期にリーダーの立場に立ってしまっています。

しかし、ＳＤＧｓに関心がある会社は、基本的には〝チアフルな文化を持つ職場〟だと信じたいです。

チアフルな職場とは、言い換えるならば「互いを応援する空気で満ち溢れている職場」。

反対語は〝フィアフルな職場〟で、これは恐怖政治でまわっているような会社のことを

指します。

さて、８番目は『働きがいも 経済成長も』です。ＳＤＧｓに貢献しようという会社の職場が、フィアフルな管理職や先輩でいっぱいだったら、ちょっとヘンな感じがします。

社員たちの働きがいのためにも、生産性の向上のためにも、すなわち日本の経済成長のためにも、この国の中小企業の職場がひとつ残らずチアフルな…つまり〝褒める〟がもっともっと見られるような場所になるといいなと思います。

それだけでも、このゴールに対しては大きな貢献になるのでは？

社員全員が集まる「アワードセレモニー」で褒める機会を

部下を叱るのは人が見ていないところで。

褒めるならば、反対に職場の仲間が見ている人前で。

どこのリーダーシップ本にも書いてあるようなことですが、その〝人前〟とは何名くらいを指してのことでしょう？

私は全国の契約を結ぶクライアント企業の多くで、年に一回全社員や協力会社までも集め、その大勢の前で褒めるというイベントを行っています。

各社で呼び名は多少異なりますが、総称として「アワードセレモニー」と呼んでいます。

少し長くなりますが、ここで説明したいと思います。

永年勤続への表彰や、売り上げナンバーワンなどの発表は、おそらく多くの会社が納会や新年会時にやっていると思います。

そのときに渡すものは？　昔ながらの表彰状なら、一度ブラッシュアップを図りましょう。

その際のドレスコードは？　いつも通りのスーツだったりすると思います。ここもより華やかにグラミー賞のようにいきましょう。

私が行うアワードセレモニーは結婚式場やレストランを借り切って行います。

華やかに着飾ってもらったり、会社のコーポレートカラーの何かを身に着けてもらったりというドレスコードを設けて行う場合が多いです。表彰式だけではなく、せっかく大勢が集まるのだから講演家をお招きしてのお勉強の時間なども設けます。

イベント自体の司会はプロでもいいし、若手の社員が行ってもいいです。

ひとりではなく紅白歌合戦のようなペアでの司会であればプレッシャーを減らします。

時期は、その会社のいちばんヒマな時期。1年に一度なので毎年同じような時期に、できれば同じ場所でやった方が効率はいいと思います。

会食もあった方がいいと思います。ただし、お酒が入ったあとに表彰はNG。全体の雰囲気を終始感動的にやっていきたいからです。

アルコールが入った後、もしくは入れながらの表彰は、みんな話を聞かなかったり、茶化したり、受賞された人も変に照れ隠しをしたりで、いつもの宴会モードになってしまいます。楽しいお酒の時間は、一回この会を区切った会食時からの開始をオススメします。

では、肝心な賞は誰を対象に？

永年勤続や売り上げナンバーワンに向けてあげるのも、もし今現在表彰式のようなものを行っているなら、それらは継続でいいとは思います。が、もっと着目していただきたいのが、会社のカルチャーやビジョン・ミッションに貢献してくれた社員に賞を贈ることです。

あなたの会社が理想とする社員像に当てはまる人や、積極的に自ら考えビジョン・ミッションに向かって行動してくれた人。また、経営理念やクレド（信条・行動指針）をよく理解し、そしてお客さまの前で実践してくれた人などに、ぜひアワードをあげてほしいです、大勢の仲間が見守る中で！

数値化できるものではないので、選考は主観的になりがちですが、直属の上司からの推薦や、小さな会社ならトップの判断で構わないと思います。受賞の対象をひとりにせず、複数の社員にアワードを贈るとか、年代別・性別・部署別で受賞枠を決めて選ぶとかで、ここは人選の諸問題をクリアしたいですね。

で、絶対にやっていただきたいのが、「アワードを贈る際に、上司や経営トップが『なぜあなたは受賞に相応しいのか？』心を込めた作文を書き、本人の前で読むこと」です。

これが、このアワードセレモニーの肝です。もれなく全員に、ぜひこの作文を。これをやらないなら、正直これまでの表彰式と何ら変わりません。ここはマストです。

この400〜800字の作文をステージの上で本人を前に、いい音楽と光の中で読み上げる…。これに受賞者は感激し、ほとんどの場合は男性も含めて涙します。

こんなイベントを、私は常に全国のどこかで、どこかの会社のために行っています。

「みんなが私の仕事を見ていてくれたことが分かって嬉しい」

「ボスが、そんな言葉をかけてくれたことに感動。作文は宝物」

2018
IWAMMY

イベント後には、こういった声が受賞者の面々から聞かれます。また、上司が涙する姿に心動かされ、「この会社のために、もっと頑張ろう」と思う他の社員も多いようです。

ここで手渡すのは英文のみで綴られた前ページの写真にあるようなタテです。いつも通りの表彰状だと台無し。家に帰って、すぐに飾れるレベルにしないとダメです。表彰状だと今後も丸まったまま、再び日の目を見ることはないと思います。

時折、これをアメリカから取り寄せたトロフィーにすることもあります。アメリカは〝褒める文化〟が会社でも学校でも根付いているので、安価でユニーク、デザインもいいトロフィーがたくさんネットで見つかります。

アワードセレモニーは、文章だとなかなか想像しにくいもの。この章の最後にＱＲコードを２つ載せました。どうぞ、お時間のあるときに２社の事例を映像で。

「経済成長に携わった仲間と上手に付き合う」という新発想

「それほど社員がいないから、うちはアワードセレモニー向きじゃない」

そういう読者の方に手短ながら他のアイデアも、ここに…。

私がコンサルを手掛けていた日本橋のカーテンフックの会社は、年に一度、過去に会社を去った元社員の方々すべてに声を掛けて、ＯＧ・ＯＢと今いる社員たちが一緒になっての同窓会をやっていました。歴史がある会社だっただけに、その数はそこそこになります。ただ集まってもしょうがないので、お世話になった日本橋の街に感謝を込めて、全員がいくつかのグループになって掃除してまわるということも恒例です。

終わってからの食事会のメニューは毎年同じで、それは釜飯。

「同じ釜のメシを食った仲」という意味を込めています。

ＯＧ・ＯＢもホームカミング的な意味で毎年楽しみにしていますし、若手にとっては大先輩と触れ合うまたとない機会。ここで私が導きたかったのは、「会社や社会・業界の経済成長への感謝」と、「先輩を知った上で、あらためて働きがいを感じること」です。

ＳＤＧｓのアクションのアイデアは、未来に向けたものだけとは限りません。

中小企業なら、こうして過去のことと社内イベントを兼ねることも可能です。

企業ブランディングにおいても、「ＯＧ・ＯＢまでも大切にしている会社」といったイメージの向上に役立ちますし、また採用の世界で厳しい状況が続く中小なら、こうして過去の社員と連絡を絶やさないことも大切。出戻り組を採用するとか、ＯＧ・ＯＢからの紹介で人を採るというのは、新卒を狙うよりも現実的な人手不足の解消法かもしれません。

経済成長のためのブランディング。海外進出のためのSDGs

人口が急速に減っていく日本市場において、中小企業が今後も売り上げを年々上げていくのは至難の業。これからは業種業態問わず、ひとりの新規のお客さまを獲得するのにも小さな会社は数倍苦労することでしょう。

そこで大事な経営の考え方が「中小企業もブランド戦略」です。

あなたの会社が地域や業界でキラリと光る〝ブランド〟と呼ばれる存在になっていけば、価格競争から脱することが可能になります。

すると、これまでよりも少ないお客さまが相手でも商売は継続できます。

「売上ベースでは落ちているけど、むしろ利益は上がっている」という状態を築けます。

また小さくとも地域・業界でブランドと呼ばれるような会社やお店は、お客さま以上の〝ファン〟のような存在に囲まれているもの。すると、リピート率や客単価アップを期待できます。人口が減りゆく国において、「1回の売り上げではなく、一生の売り上げ」で考えていくことは、経営上欠かせません。

私は、こういった戦略を中小企業に特化してもたらすブランディングの専門家ですが、私目線で半ば勝手に考えると、日本の中小企業がＳＤＧｓの８つ目の項目を満たす上で大事な行為は、実は〝自社のブランディング〟ではないかというところに着地します。

もうひとつ、日本の中小企業が経済成長を維持したり、そこに貢献したりする策として考えられるのは「海外進出」です。

シュリンクする日本市場を飛び出し、外国でチャレンジをはじめる中小企業は、実際私のまわりでも急増しています。その際にもあるといいのは、「うちはＳＤＧｓに取り組んでいる」という宣言や姿勢。日本の中小企業が他国の市場でビジネスをするときは、自社の商売の成功のみならず、その国の発展への貢献も同時に考えていかないと、本当の意味で地元の方々から愛されるようにはならないでしょう。

本書のはじめに、「小さな会社のブランディングとは、社会モテするために行うことでもある」と書きましたが、海外進出にも、付いてまわるのがブランド戦略なんだと思います。

第8章
まとめ

働きがいも 経済成長も

すべての人のための持続的、包摂的かつ持続可能な経済成長、生産的な完全雇用およびディーセント・ワーク（働きがいのある人間らしい仕事）を推進する

1 すでにやっているなら、それはSDGsです！

◎社員を大々的に褒めたり、感謝を伝えたりする公式の機会

その活動を深掘りしたり、SDGsとして行っている宣言を！

2 明日からマネできる中小企業としての活動

◎価格を下げずに価値を上げていく中小企業のブランド戦略

3 こんな職場だと、残念ながら矛盾に映ります

◎社員のモチベーションUPに工夫なし。未来が見えない職場

4 社会の課題・活動を知るだけでも一歩前進

◎日本は生産性もモチベーションも他先進国に比べて低い国

! 参考までに122ページの事例を、ここに動画で

◎神戸のエステ会社の社員向けアワードセレモニー
〈ラミール〉の全社員アワードは華やか! 上司が読む作文に注目
https://vimeo.com/299361233

◎山形の印刷会社の社員向けアワードセレモニー
10回の飲み会より、1回の社員みんなで大泣きする日が大事
https://vimeo.com/299433362

第9章

『産業と技術革新の基盤をつくろう』は業界貢献

あなたの業界が次世代の憧れに映るように

９つ目のゴールにある『産業と技術革新の基盤をつくろう』という言葉は少しわかりにくいです。

国連としては、「今もなお産業が根付かない地域があり、それはインフラが整っていないから。そんなところにインフラを。すでにインフラが整っているなら、産業の更なる成長を描きながら進化を」が伝えたいメッセージ。


しかし、途上国のインフラに、どうやって日本の中小企業が貢献していけばいいのか？

他のＳＤＧｓのゴールもそうなのですが、その言葉をストレートに受け取ったら、実際にできる貢献の多くは**寄付**行為になってしまいます。

途上国に向けてのことだけではなく、**自社・自国・自分の業界でもできる貢献**がきっとあると、斜め上のアイデアを一緒に考えるのが本書のテーマです。

この９番目の項目も、そんなノリでいきたいと思います。

『産業と技術革新の基盤をつくろう』を、こんな風に解釈する

『ブランディングって、結局、何なの？』という質問を、私は毎日受ける立場にあります。場面や、質問された方に適した回答を、いくつも持っているのですが、ひとつの答えは『自分の会社や業界を、次世代にとって憧れに映るようにするアクション』です。

ＳＤＧｓの9番目のゴールも、そんな風にしていけばいいのかなと私は考えています。

「日本の多くの産業（業界）は縮んでいく傾向に。業界の存続をかけて、ここは色々な側面でイノベーションが不可欠。途上国への貢献ももちろん大事。でも、自分が属する業界を前進させることも、またＳＤＧｓ。あなたの業界を次世代の憧れに映るようにしていこう」

業界でのイノベーションを、あなたの会社が率先して起こし、業界の盛り上がりに貢献する。それにより注目が集まり、人が集まり、マネする業界他社が増え、結果として業界が進化する。

具体的に多くの業界で明日から取り組めることを、ひとつシェアしたいと思います。

クールなユニフォームをつくることで「業界貢献」に

中小企業が自分たちの産業・業界の発展のためにできることは、ずばり「かっこいいユニフォーム」に刷新することです。

日本の中小の多くはモノづくりの会社を筆頭に、スタッフが作業着や制服などに身を包んで勤務時間を過ごします。しかしながら、それらのユニフォームは昭和のときから、あまり変化なく…。正直、かっこいい作業着を揃えている会社は、まだまだ少数派です。人によっては人生で最も長く着る服なのに、それではあまりにモッタイナイ。

今、ユニフォームは中小企業にとって採用戦略の大事な一部になりつつあります。

事実、そこに気付き始めている企業は増加傾向にあるので、同時にユニフォーム業界は急成長産業に。スポーツ用品メーカーやアパレル企業の新規参入が相次いでいます。

あなたの会社が先駆けてユニフォームを地域や業界でいちばんクールに刷新すれば、「あれを着て働いてみたい」という若い世代や、他業界からの転職者を増やしていくことにつながります。それどころか追いつき追い越せで、同業界でマネする会社も出てきます。すると、アッという間に業界に華やかさや輝度のようなものが戻る。私は、これを過去に何度も間近で見てきています。つまり、深い意味で「業界貢献になる」ということ。

では、どんな風にしたらユニフォームはクールになるのか？

ここでは作業着にフォーカスして、ちょっとだけコツを披露します。

まず、ひとつ目がサイズ感についてです。

最近はスッキリ今風なシルエットの作業着が、カタログにいっぱい載っています。ところが、日本の働く人たちは「動きやすさ」を優先し、どこの業界でもオーバーサイズ気味の服を着る傾向にあります。これはスーツも含めてです。そこで、各メーカーのカタログから、なるべく細身のものを選び、それをベース（ボディといいます）にワッペンやプリントをするスタイルでユニフォームづくりをしていきましょう。

メーカーでいえば〈バートル〉や〈寅壱〉の細身のタイプはナイス。〈ディッキーズ〉もおすすめですし、デニム素材ならデニムブランドの〈Ｌｅｅワークウェア〉も最高です。

「ベテランの男性陣が細身は嫌がる」という声もあるでしょう。

上は鳥取の〈久米製材所〉。下はドアマットの会社、山形の〈リプライ〉

しかし、ユニフォームは未来のスタッフが着たいというもの、今いる若手のスタッフが喜ぶものにするべきです。そうでもしないと、リアルに「後輩が入ってこない、黒字のまま人材不足倒産」の危機を迎える可能性もゼロではなくなります。

女性の方が現場に出る機会も増えました。が、残念なことに、「女性には、これのXSでいいか…」と、たいして配慮されずポロシャツでも作業着でも、男性版の小さなサイズをあてがわれます。

いやいや、ここは女性には女性のためのボディを選びましょう。気が利いた作業着メーカーなら、品番にもよりますが続々出しています。つくりが女性向けなので、アームホールも細く、胴まわりもピッタリ。働いている姿が後輩たちに、より美しく、憧れの対象に見えるはずです。

それから、どうか作業着の上下は違う色の組み合わせで…。

これまでは現場の服は上下揃っているというのが常識でした。しかし、ねずみ色や淡いグリーンで揃った上下は、労働者感が色濃く出ます。

「上下の色を変える」というテク、ぜひとも次の機会に試してみてください。

グッと魅力的な作業着になるはずです。

ちなみに、最後に大事な刷新のコツ…。

それは「みんなの意見を聞かないこと」です。「みんなで、みんなで…」とやったら、絶対にまとまらないか、まとまっても中途半端なものになるのがユニフォーム。かっこいいユニフォームづくりには、半ば強引さが必要です。

「職業差別がないこと」は、日本が誇れるいいところ

私のブランディングでは、ユニフォーム以外に社用車を斬新なデザインにすることも多いです。

すると、地域や業界で今まで以上に目立つようになるので、同時に社員の公共でのマナーやルールを見直します。これがセットで、はじめてブランディングだと思っています。

たとえば、新しいユニフォームを着た社員が数人、地域内の飲食店でランチを食べれば、それだけでも本人たちの想像をはるかに超えて目立ってしまいます。

ランチ中の会話も要注意。自分たちが属する業界・産業に貢献しようとユニフォームの刷新をしたのですから、ＮＧなのは「自分たちの会社への文句や、自分たちの業界への批

判」。同時に慎《つつし》みたいのが他業界へのネガティブなこと。〝職業差別的な発言〟です。

私は海外での生活が長く、学業のほとんどをアメリカで終えています。

アメリカ人の会話には日本のそれに比べて、職業差別的なものを感じるときがあります。「あの職業はダメだ…」「あんな仕事をしている人は…」「あの業界の学歴は低い…」など、基本的には開拓者によって生まれた新しい、そして素晴らしい国で、そこに階級社会は存在しないのですが、私が思うに〝産業カースト〟のようなものは存在し、タクシードライバーやウェイトレスといった仕事を悪くいうシーンは、映画やドラマの中でも見受けられます。

対して日本はというと、細かく検証すれば職業差別はあるかもしれませんが、互いが互いの職業や業界にリスペクトがある、気持ちいいカルチャーがあると私は信じています。日本語の特徴かもしれませんが、「農家さん」「運転手さん」と様々な職業に〝さん付け〟するのもいいところだと思いますし、現場仕事や汗をかく仕事こそ「面白い仕事」「社会を支えている仕事」と捉えられている。これは日本の誇るべきところです。

日本のいいところというと「治安」や「清潔度」「食のレベル」や「時間の正確性」が挙がってきますが、私はそれに「職業差別がない」を加えたいです。

技術革新の基盤づくりのためには、何でもネットとデジタルで

ＳＤＧｓは17のゴールと、１６９のターゲットから成っています。

この９つ目のゴールである『産業と技術革新の基盤をつくろう』の下にも、いくつかのターゲットが箇条書きであり、そのひとつには「後発開発途上国において情報通信技術へのアクセスを大幅に向上させ、２０２０年までに普遍的かつ安価なインターネット・アクセスを提供できるよう図る」と記されています。

当然、途上国ではない日本ですが、基盤づくりという意味で私たちは、まだまだＷｉ－Ｆｉ等のネット系インフラの整備、またタブレットやスマホを使った仕事の効率化など、技術を取り入れる歩みを緩めてはいけないと考えています。

私の仕事相手の９５％は地方の中小企業やお店、自治体ですが、まだ「ネットは怖い」「セキュリティが心配」と騙される・盗まれる・流出するというイメージを持つ経営者が少なくありません。

今は〈Ｚｏｏｍ〉等のアプリを使ってネット上で会議もできるのですが、特に地方では

「直接伺う」「会議室で面と向かって」がビジネスマナー的にもヨシとされており、その場へ向かうためのクルマ移動に時間を割いてしまっています（また第13章でくわしく）。

他にもＳＮＳでの発信や活用、動画を使った説明やセールスなどへの挑戦も、ちょっと中途半端な状態。これでは生産性や技術革新という部分において、他国の中小企業に大きく遅れをとってしまう心配があります。

一時期は日本で毎日のように聞いた「ＩＴ革命」という言葉ですが、実は地方の中小企業では、いまだかつてその革命は一度も起こっていないのかもしれません。でも、誤解がないように…。そういった地方の中小企業に勤める若手社員は、普通に都市部に住む同世代と同様に、ネットライフを楽しみ、オンラインゲームに興じ、今日も〈インスタグラム〉をアップしています。私は常々「プライベートでＳＮＳをやっているなら、会社でもＳＮＳ担当を買って出てくれればいいのに…」と思うことがあります。

ＳＤＧｓに取り組むなら、「自分の会社のＩＴ革命」を加えていただきたいです。

何でもかんでも、「それ、デジタルでできないか？」と考えること。

「ネットで探す」「ネットでつながる」を、もっともっと増やすこと。

「アプリを試す」「デジタルガジェットを買ってみる」を公私両方で楽しむこと。

インターネットは都心の会社よりも、地方の会社にとって大きな武器になります。時間や距離、国境や業界を軽く越えていくツールだからです。

途上国のネット普及に貢献するのもいいですが、ここは同時進行で、あなたの会社のインフラ整備。ちなみに、『Ｗｉ－Ｆｉあります』のサインを、私はコンサル先の企業でオリジナルでつくり、貼るようにしています。こんな風に楽しみながらいきましょう。

第9章
まとめ

産業と技術革新の基盤をつくろう

強靱なインフラを整備し、包摂的で持続可能な産業化を推進するとともに、技術革新の拡大を図る

1 すでにやっているなら、それはSDGsです!

◎業界を進化させるような新基準を生み出し続けている

その活動を深掘りしたり、SDGsとして行っている宣言を!

2 明日からマネできる中小企業としての活動

◎業界が輝いて見えるようなクールなユニフォームの導入

3 こんな職場だと、残念ながら矛盾に映ります

◎自分の業界を悪くいうこと。協力会社や他職業の悪口

4 社会の課題・活動を知るだけでも一歩前進

◎世界の9割は途上国に住み、半数はネットにアクセスできず

! 参加できる社会貢献活動や寄付先のリスト

◎〈JICA(ジャイカ)〉を通じて途上国へ
海外青年協力隊・シニア海外協力隊で得意なことを教えに行く
https://www.jica.go.jp/

◎〈大和証券〉のインパクト・インベストメント
途上国へ社会貢献を兼ねた投資=インパクト・インベストメント
https://www.daiwa.jp/impact/

第10章

職場でも『人や国の不平等をなくそう』

誰もが外国人と一緒に働く時代の到来

「海外に興味がない…」という日本人にも、
グローバリズムの波は向こうからやってきます。
国内でも外国人と一緒に働く機会は増加傾向、そんな同僚がいなくても「お客さまが海外の人」となる可能性も多々あります。
「日本に住む外国人が増えると、犯罪も増える」という声や、社会保障面を懸念する人たちも存在します。

インバウンドによる経済効果を喜ぶ一方で、地元の交通や買い物が不便になったことや、一部のマナーなき外国人観光客に辟易する**オーバーツーリズム問題**も各地で起こっています。

日本の社会やまちが本格的に国際化してからの歴史は浅いです。だから、**外国人と日本人の融合**は、まだギクシャクしています。
でも、「誰もが外国人と一緒に働く時代」の針は、しばらく日本で止まらないでしょう。
ここは中小企業が貢献できるフィールドです。

“日本で働く外国人のニホンゴ”に厳しすぎる日本人

ＳＤＧｓのゴールの10番目は、『人や国の不平等をなくそう』です。『貧困をなくそう』や『ジェンダーの平等』、…見方によっては2つ目の『飢餓』や4つ目の『教育』、…いや6番から9番までのゴールも、すべてこの10番目に関係しているともいえますが、ＳＤＧｓアクションという意味において私があるといいなと思うのは、あなたの会社にも増え続けるだろう外国人スタッフにとって「気持ちよい職場」をつくること。

あなたの職場で多く使われるのは「外人」と「外国人」、どちらの単語でしょう？必ずしも「ガイジン」という言葉が悪いといっているわけではありません。実際に自己紹介時にギャグ的な要素も含めて、「私はガイジンです」という外国籍の方もいます。ただ、より配慮している印象を与えるのは、「外国人」とか「外国の方」といういい方。これは一緒に働く外国人スタッフを指すときも、海外のお客さまを表現するときもそうです。これを会社としてルール化し、全スタッフにそれが浸透している会社の方が、ＳＤＧｓに取り組む会社としては、より相応《ふさわ》しい気がします。

もう一歩ここのコマを進めるなら、「日本で働く外国人の日本語に寛容に」というルールというか器のようなものも欲しいです。

これは自社で働く外国人スタッフだけではなく、協力会社や他社で働く外国人も含めた話。もっといえば日本に暮らす外国人すべてに対しての話です。

観光客なら寿司屋で「マグロ」といっただけで、「日本語が上手ですね」となるのに、日本に住んで、日本語を使って働いている外国人に対しては、なぜか途端に厳しくなります。

多民族で成る都市では、移民の方たちがあらゆるところで働いています。

たとえば、ロンドンの飲食店でお客さまからオーダーを取る人がパキスタン出身なんていう感じで、その国の言葉を母国語としない人が、本当にがんばって働いています。

母国語ではないので、発する英語に訛りがあるのは当たり前。でも、それをからかったり、面白がってアクセントを真似して笑ったりというのは、見ていて気持ちがいいものではありません。日本のように成熟した社会では、私は決して見たくないシーンです。

が、私は最近それに似たシーンをよく見かけます。酔っぱらった日本人が、お店の外国人スタッフの日本語を、「は？　何いってるか分かんねーよ」と嘲笑《あざわら》ったり、自分の日本語の正しさはさておき「日本にいるなら正しい日本語を使え！」と怒ったりする姿を。

日本という国を働く場に選び、この難解な日本語を学びながら働く外国人を、私は心から尊敬します。逆に私たち日本人が異国に移り住み、その国の言葉を使って働くことになったら、それは想像するだけで大変なこと…。

あなたの会社にもアルバイトやワーキングホリデーで働いている外国人スタッフ、また家族を母国に残し働く実習生の人たち、はたまた家族で日本に移住してきた移民の方々が、一緒に働く仲間としているかもしれません。そういった人たちを守り、また働きやすい環境をスタッフ皆で敬意を持ってつくってあげる。そんなことも、また『人や国の不平等をなくす』を目指すアクションだと思います。

HPの多言語化と同時に「やさしい日本語ページ」を追加

中小企業も近年はホームページに英語表記を加えたり、中国語版・ハングル版を切り替えられるようにしていたりと、多言語化の動きは、ごく普通のことになっています。

それはそれで海外の取引先や外国人スタッフを増やすことに役立つし、ブランディング上も「グローバルにやっている中小企業」という印象の発信に。多言語化、賛成です。

しかし、日本に暮らす外国人も今は相当数で、その出身も様々。そこで今後必要になってくるのがHPでも印刷物でも、「やさしい日本語」で表記されているページや箇所です。

日本に来た留学生が、しばらく日本語学校に通い、「だいぶ自分は上達した」と自信を付けたころに風邪をひき、医療機関に足を運ぶとショックを受けるというケースは多いそうです。それは「もう自分は分かる。聞き取れる」と思っていた日本語が、そのクリニックでは全く理解できず、スゴロクが振り出しに戻ったような感覚になるから…。

病名やお薬の名前が難しいという話ではありません。受付も、診察中も、その外国人留学生にとって、そこで聞くすべてのボキャブラリが初耳に等しい日本語だからです。

外国人に日本語を教える先生たちは、やさしい日本語を使います。

たとえば、「これ、買いたいですか？」という感じで会話を進めます。

一方、これが外国人への接客に慣れていない会社やお店だと、日本人に接するときと変わらず、「こちら購入されますか？」等の難しいボキャブラリを使ってしまいがちです。

これは私たちが英語圏の国に行って「BUY（買う）」は聞き取れるけれど、同じ意味の「PURCHASE（購入）」は馴染みが薄いから理解できないのと同じです。

私は日本に住む外国人のために、ひらがないっぱいで、ルビもいっぱい、難しいボキャブラリを使っていないホームページや印刷物が、今の時代にもっとあっていいと思います。

145ページの写真上は、大阪の〈ヤンマースタジアム長居〉のＨＰですが、こんな風にアクセスや必要と思われるところだけでいいので、〝やさしい日本語版〟の作成に、ぜひ次の機会に取り組んでみてください。「よく考えている会社だな」と、日本人からは思われるだろうし、日本に住む外国人が感じる情報アクセスへの不平等も、これで解消できます。

会議室でもっと語られたい、「これを言葉なく伝えるには？」

日本国内で国籍にかかわらず「伝える」「伝わる」を私たちが考えていくなら、むしろ言葉ではなく「これを言葉なく伝えるには？」という会話を、会議室で増やすといいかもしれません。究極的にいえば、文字ではなく絵で伝えたいことを示すのが、最もユニバーサルな伝達方法。そう、トイレのサインのような感じの表現を増やせばいいのです。

この「ピクトグラム」や「アイコン」と呼ばれる現代の象形文字は、１９６４年の東京オリンピック時に日本で誕生したものです。当時の日本人は、今ほど外国語を習得している人は少なかったと思いますし、外国人と接することに慣れてもいなかったでしょう。

それでも日本の〝おもてなし〟を感じて欲しいと工夫し、そこで生まれたアイデアがアイコン・ピクトグラムです。その後、このアイデアが世界に広がり、空港や施設では定番に……。

ところが日本ではピクトグラムの進化は何となくストップ。日本の駅構内などは世界の主要都市に比べ、ピクトグラムやアイコンで案内を示しているものは少なく、日本語…、

大阪の自治体や施設は“やさしい日本語”での表記・案内・HPが盛んです

良くてもそこに英語・中国語・韓国語の表記があるのみ。本家なのにモッタイナイ。

だから、何かしらの表示や案内、注意書きなどを次回の会議で「つくろう！」となったときに、「それってピクトで表せませんか？」と提案してみてください。すべてを非言語にしたら古代エジプトみたいになってしまいますが、なるべく文字をミニマムに…。

普段の私は高校で起業家教育の先生もしているのですが、これから社会へデビューしていく高校生は将来国内で働こうが、海外に飛び出そうが、「国際人の感覚を養い、誰とでも、どこででも働ける準備が必要」と、常日頃から授業でいっています。

そこでクラスでも「ピクトグラムで考える」という時間を時折設けています。

左は実際のドリルです。誰にでも伝わるように「集合場所」というアイコンをつくりたいですが、この丸に何かを加えたら、国際的なそんなサインが完成します。あなたなら何を加えますか？…というものです。ぜひ、この本の中休みとしてトライしてみてください。

また、私は岩手県の観光文化大使（希望郷いわて文化大使）でもあり、ずっと前から「岩手県を面白いピクトグラムで有名な場所に。それだけでも観光客が楽しめるように」と提案し、実際それは大きな拡がりを見せています。

ラグビーW杯が開催された岩手県釜石市でも大活躍。英国のＢＢＣも、この岩手のピク

ドリル

四角の中の●に何かを加えると言葉を使わずに「集合場所」のサイン（アイコン）が完成します。

何を加えますか？

SUPER SPICY

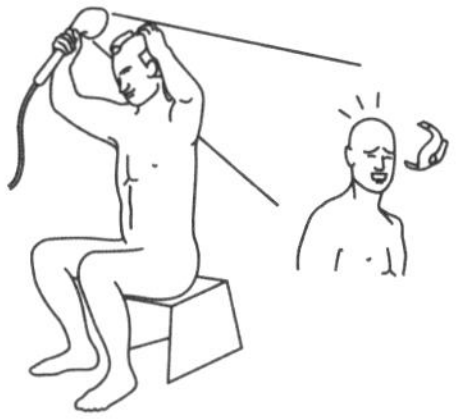

WATCH OTHERS WHEN WASHING.

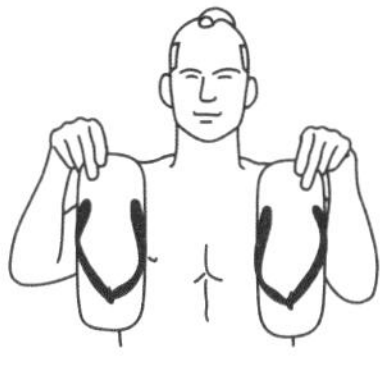

SHOES OFF

VEGETARIAN OK

ドリルの答えは
カバーを取ると
わかります

トグラムのことを報じています。前ページの侍のサムが軸となっているアイコン類は、岩手県のホームページからも１００種以上がダウンロード可能で、岩手県内の企業やお店が自由に使えるようになっています。

そういえば、ＳＤＧｓの17のゴールもアイコンで表現されていますね。

これも世界中に伝わるようにと考えた結果だと思います。

外国人スタッフを迎え入れる上で大切な2つの行為

ここまでは企業としての〝伝え方〟について一緒に考えてきました。国際化が進む日本の社会で、情報の伝達に分け隔てがないように考えていこうという背景からの提案でした。

ここからは少し「外国人と一緒に楽しく働く」にフォーカスして話を進めます。

技能実習生が実際に働いている企業でコンサルタントをすることもある私は、必ず「彼らの国の食事ができるレストランで、ぜひ日本人社員も一緒に会食を」と提案しています。

ベトナムからの実習生がいるなら、ベトナム料理店で。中国からの実習生がいるなら、単に中華料理店ではなく、その彼・彼女の故郷の料理を出すお店へ行っての新忘年会や歓送迎会を。社員食堂で一緒につくるのもいいですね。

滞在期間中に日本の文化を知ってもらうことも大事ですが、私たちが彼らの文化を知ることも大事。食事は人類の共通の喜びだし、彼らが故郷の料理を説明すれば、その時間は主役にもヒーローにもなれます。その際には、どうかたくさん質問をしてください。

「この葉っぱは、どう使うの？」「このスープの酸っぱさは、何からきてるの？」「家でもこういう料理を食べるの？」等々、質問は多いほどいいと思います。喜々として答える彼らの姿に、きっと「誰かの役に立っている」という自信や喜びを垣間見ると思います。

これはいうまでもないことですが、日本人スタッフ側の「好みに合わない」とか「帰りにソバ屋でクチ直し」といった発言は控えた方が無難です（実際にあったので、これ）。

もうひとつ考えたいことは、できることなら「ペア（以上）で採る」です。

慣れない環境で働く上で、いれば気持ちがラクになるのは同郷の仲間。先ほど「食事は喜び」と書きましたが、「おしゃべり」もまた人類共通の喜びだったりするものです。

企業が障がい者を積極的に採用する動きは活発化していますが、特に聴覚障がい者を採用する際も、やはりできることなら2人以上で迎え入れることを検討したいです。

手話ができる健常者のスタッフが同じ職場にいない限り、彼・彼女のおしゃべりの相手はいません。職場としては、ちょっとつまらないですね。

SDGsの10番目のゴール『人と国の不平等をなくそう』を、中小企業ならこんなところまで幅を広げて考えてほしい。そう思い、ここに追記しました。

最後に「障がい者」という表記。これも前述の外国人という表現同様、今の時代には心掛けたい配慮です。私の障がい者の友人に聞くと、「そんなのどっちでもいい」といいますが、「基本的に人を指す言葉に〝害〟という漢字はダメじゃないの」ということで、今はひらがなを織り交ぜた「障がい者」と書く企業や自治体が増えています。

私は常に自分の会社やプロジェクトでの表記を「障がい者」にしています。

社員みんなで「ユニバーサルマナー検定」の有資格者になる

『人と国の不平等をなくそう』については外国人の話題からはじめましたが、障がい者の方との協働の話で章を終わりたいと思います。

障がいを持つ方と接するときに、あった方がより喜ばれる知識を検定試験化・資格化した〈ユニバーサルマナー検定〉という検定試験があります。準3級はネットですぐに受けることができますので、お時間あるときにぜひ一度ウェブサイトを見てみてください。

たとえば、車いすを使っている障がい者のお客さまがカフェに来店したとします。お店に

ユニバーサルマナー検定

Universal Manner Test

この〈ユニバーサルマナー検定〉のロゴは、主宰者である垣内俊哉さん（株式会社ミライロ代表）をサポートしたいと、この検定試験の起ち上げ時に私も一緒につくったもの。「『車いすを健常者が押す』という画ではなく、真横に寄り添い歩んでいるという姿が自然だよね」という話から生まれたもので、これはまさに平等・対等の表現です。

はアクセスしやすいスロープがあっても、それはあくまでハード面が障がい者フレンドリーであるに過ぎません。大事なのは実際そのカフェのスタッフが、どう車いすの方に接したら喜んでいただけるかというソフト面もしっかりと準備しておくこと。「イスをどけて、車いすのまま座れるようにすればいいんでしょ？」と考えるのは早合点。特に夏は背中が蒸れがちで、普通のイスに座り替えたいという方も少なくないのです。

これは障がい者のスタッフが働く会社のスタッフも普通に働く社会人にもあるといい知識であり、資格です。

『人と国の不平等をなくそう』は、アイデア次第でいろいろなアプローチが可能です。

サイトはこちら！ https://www.universal-manners.jp/

第10章
まとめ

人や国の不平等をなくそう

国内および国家間の格差を是正する

1 すでにやっているなら、それはSDGsです！

◎外国人スタッフの母国の文化を理解するイベントや機会

その活動を深掘りしたり、SDGsとして行っている宣言を！

2 明日からマネできる中小企業としての活動

◎やさしい日本語やアイコンで伝達していくという姿勢

3 こんな職場だと、残念ながら矛盾に映ります

◎「ガイジン」「障害者」といった一昔前の表現を使っている

4 社会の課題・活動を知るだけでも一歩前進

◎日本国内の労働者のうち、50人にひとりは外国籍の方

! 参加できる社会貢献活動や寄付先のリスト

◎ユニバーサルマナー検定

障がい者によりよいサービスを。社員全員で受けるのがグッド

https://www.universal-manners.jp/

◎Homestay in JAPAN!!

ホームステイの受け入れをして、日本のファンづくりに貢献を

https://www.homestay-in-japan.com/index.html

第11章

『住み続けられるまちづくり』は中小企業向き

地域に根差す中小企業ならアイデアは∞

SDGsの11個目のゴールは『住み続けられるまちづくりを』です。


「中小企業は17あるSDGsの項目から幾つかに絞って活動を」と冒頭に記しましたが、**地域密着**の中小企業に、このゴールは選択肢として適しています。

何かしらの地域貢献を今も昔も地元に対して行っている企業は多いはず。ならば、その活動を更にブラッシュアップすれば、それで立派なSDGsです。

また過去に行っていた**地元への貢献**といえるアクションがあるのなら、それをこのタイミングで再開していくのも手です。


いずれにせよ、私が全国のクライアント先や講演先でお話をするときに、皆が最もイメージしやすく、「うーん…」と悩まず、「これならウチもできるかも」と表情が明るく変わるのが、この11個目のゴール。

そんな雰囲気で、この章を読んでいただけたら嬉しいです。

地域密着の企業だからできる〝まちづくり〟は、ここ！

まず挙げたいのが「あなたの会社の駐車場を、地域で暮らす人たちに、より優しいものに」です。

都市部の中心にある中小企業以外の話になりますが、クルマ通勤のエリアにある会社には駐車場が付きものです。

建物のつくりや立地、セキュリティの程度で変わってきますが、私が考えるに地方の中小企業の哲学や想いは「駐車場に表れる」と感じることが多いです。会社の業種・業態にもよりますが、パーキングこそ、その地域住民と企業をつなぐニュートラル的な場所ですし、社屋の中は見えなくても駐車場は地元の老若男女から毎日丸見えです。

行政じゃない限り、中小企業が道路や公共施設に直接的なアイデアとアプローチをもって住みやすく変えることはできません。でも、〝公共の場に最も近い場〟があるとしたら、それはあなたの会社の駐車場。その改善から、まちの暮らしやすさの度合いを高めるのは、ひとつのアイデアです。

私は人にやさしい駐車場を持つ会社を「駐車場フレンドリー企業」と呼んでいます。まずは、そんな事例から始めましょう。

駐車場はクリエイティビティ。まちづくりに貢献できるパーキングを

車いすの友人と、まちでの困りごとについて意見を交わすと決まって出てくるのが、「障がい者の駐車場に停まっている健常者のクルマ」の話です。

ご存じのように障がい者のパーキングスポットは建物の入り口に近いだけではなく、前後左右に余裕あるスペースが設けられています。この余裕が車いすの出し入れを可能にしているので、「他にも入り口に近い空きスポットあるでしょ!?」という問題ではないのです。

これ、結構な頻度であるケースだそうです。

アメリカはめちゃくちゃここの部分は厳しいので、健常者が障がい者の駐車スペースに停めようものなら、世間の目がそれを許さないでしょう。でも、日本では意外と見過ごされている社会の問題なのかもしれません。

またアメリカでは、たとえば妊婦用の駐車スペースなどが設けられていることもあり、そこにはサインで「EXPECTANT MOTHERS（母になる予定の方）」と書いてあります。

小さな日本の中小企業であれば、こんなアイデアもあります。

鹿児島と熊本の県境、ツルが飛来するまちとして有名な出水市を拠点にした、人気のお庭づくりの会社〈SANPOH〉。その駐車場を含めた敷地には地中にライトが埋められています。平らなところに、平らなライトなので見た目は地面そのものです。

それらは「ソーラーブリック」と呼ばれるもので配線も一切なく、文字通り昼間に浴びた日光で夕暮れから勝手にライトを灯してくれる優れもののブロック型の電灯ですが、それを売りたいからと〈SANPOH〉は自らの敷地に採用しているわけではありません。

やさしいファミリーによる家族経営の〈SANPOH〉は、「下校時に夜道を歩く学生たちが、少しでも恐怖や危険を感じないように。地域で犯罪を未然に防ぐことも考えて…」と、まちづくりの観点で、これを行っています。

私がよく伝えるのは、「停めやすい駐車場スペースを女性のために確保しよう」です。

女性のドライバーの方で「駐車が苦手」という方は多いです。駐車が難しそうな駐車ス

RESERVED
EXPECTANT
MOTHERS

Expectant
Mothers
Parking

ペースしか見つけられないときは、そのお店の利用を控えることもあります。

そこで私は、それがお店でも会社でも、また社員向けでも、来客向けでも、「女性のドライバー優先」というパーキングスポットをつくり、それを示すための看板を設けます。ヘアサロンなどの場合、ホームページにも「停めるのが簡単な駐車スペースあります」と記します。

もちろん、停めやすさだけではなく、安全性も含めてつくることが大事です。

16歳から運転免許が取得できるアメリカでは、クルマで通学する高校生も珍しくないのですが、たまに先生よりも建物に近い、いいスポットが何名かの生徒たちのために用意されているのを見ます。そこには「月間MVP生徒」や「成績優秀者」と書かれています。そういうアソビ心もいいですね！


でも、これこそ〝THE まちづくり〟。地域を明るくする行為といえます。

率先して、やさしく楽しいまちづくりをパーキングから実践すれば、それをマネする駐車場がエリア内にも増えていくはず。結果として住みやすさや、楽しい話題づくりになると思います。

米国で見かける月間MVP社員専用駐車場と、それを応用した日本版

地域を巻き込む「隣人祭り」や「還元祭」のススメ

フランス発祥のムーブメントで〈隣人祭り〉というものが世界に広がっており、今では30カ国で1000万人以上の人たちが参加しています。

パリのアパルトマンで孤独死をした女性がいたのですが、発見されたのは死後1カ月後。同じ階に住む住民が「一度も見かけたことがなかった」と発言したことにショックを受け、この女性の第一発見者が自ら起ち上げた運動です。

第1回は同アパルトマンの中庭で開催。単に食事やワインを持ち寄り、近所の人が集って互いの顔や職業を知るということから始まりました。ふれあいがあれば、こんな悲劇は起こらなかったのではという想いからです。

地域の中小企業も、近隣に住む住民との対話を増やすといいのではないかと、私は常日頃から思っています。その地域に長くいるにもかかわらず、実際「何をしている会社か知らない」と近隣住民にいわれてしまっているケースが非常に多いからです。

先ほど駐車場の話をしましたが、自社のパーキングを進化させることには他にも目的があります。それはそこで、あなたの会社の「地域還元祭を開催する」という目的です。

福岡・博多駅から10分ほど歩いた閑静なエリアにある〈すこやか工房〉という健康食品の会社。通販という業態だけに地域の方々には社員の顔も見えにくく、業務内容もわかりづらい会社なので、年に一度、地域還元祭という名目でパーキングにブースを出し、近隣住民や近くの企業に勤める社員の方々に、商品を直接販売するイベントを行っています。〈すこやか工房〉の主力商品ラインはオリーブオイル。いつもは高価格帯で全国に通販しているオリーブオイルを、ご近所さんには安価で。また他にもこの日はオリーブ関連商品のお蔵出しや、近くで働く人たちのためにランチやドリンクも用意。対話が生まれるので、地域に自分たちのことを知ってもらう活動になっています。

私が好きなクツのブランドに〈トリッカーズ〉という英国のものがあります。世界のセレクトショップ等に置かれる名品で、英国王室の御用達。その価格はプレミアム級なのですが、すごいなと思うのは拠点としている小さなまちの住民のために、B級品やテストモデルを販売する還元祭をやっていること。

こんなことをやる中小企業が、もっと日本にも増えるといいなと思っています。

中小企業の力で地域にこれ以上空き店舗を増やさない

人口の減少や後継者不足から、空き店舗が今後はどこの地域にも増えていくでしょう。

「割れ窓理論」というアメリカの犯罪学者が導き出した研究がありますが、簡単にいえば「建物の割れた窓ガラスを放置すると、『誰も関心を払っていない』というサインになり、その地域で犯罪が増加する」というもの。

同じように地域に空き店舗が増えると、そのまちの〝廃れた感〟も増し、地域のヤル気や希望のようなものが失われ、若手は地元を去っていくというサイクルになる…、そんなことを全国の市町村で仕事をしていると肌で感じます。

私はいつも「地域貢献として、空き店舗を埋めながら、まちに役立つ場所づくりはできないものか？」と、全国各地でレンタカーを走らせながら考えています。

たとえば、「マイクロ・ライブラリ」というアイデアがあります。

これは地域の空き店舗を使い、その名の通り〝小さな図書館〟をつくるというもの。

行政が運営する図書館はジャンル問わずで本が置かれ、借りる仕組みも私が子どものころから、さほど変わりません。対して、マイクロ・ライブラリはスペース的な問題から置かれる本にテーマを持ちます。写真集とか、絵本だけとか、自己啓発本だけとか…。

それは運営する人の趣味でも構いませんし、中小企業としての運営なら本業に沿ったテーマで置く本をセレクト。たとえば、印刷屋さんが運営するならデザイン書だけでマイクロ・ライブラリをつくるなどして、社員も利用し、一般にも開放している、そんなイメージでいいと思います。


ライブラリから発展して、子どもたちの放課後スペースをつくるのもいいでしょう。

その事例として紹介したいのは〈しゅくだいカフェ〉。大阪・東淀川区から始まり、全国に広がりつつある、子どものためのサードプレイス（家でも学校でもない、第3の場所。〈スターバックス〉は大人のためのサードプレイス）です。

マンガも豊富に置いてありますが、それらは漫画オタクで普段は新聞販売所の経営者、この〈しゅくだいカフェ〉を主宰する本川誠さんの目利きで揃えられています。

駄菓子屋も併設し、ついでに学習塾も同じスペース内に…。地域の子どもたちにとってのパラダイスを本業の傍ら、「東淀川になくてはならない会社になりたい」という強い意志のもと提供しています。これ以上にSDGsなアクションなんてあるでしょうか？

社長の本川誠さんを、私は心底尊敬しています。

本から離れたところでは〈大工ミュージアム〉。

これは山形市の宮大工から始まった歴史ある建設会社〈市村工務店〉が、自社の敷地内で一般にも開放しているマイクロ博物館的なもので、古い大工道具や技術を凝縮したミニチュア建造物が並ぶ部屋です。建築を学ぶ学生が時折訪れたり、また同社の採用活動にも役立っていたりします。

これらはまちの優良なコンテンツであり、誰に頼まれたわけではないけれど地元の中小企業がまちづくりの一環として始めたこと。ぜひ、参考までに。

まちに輝きを取り戻すイベントを、あなたの会社主導で

日本が世界から褒められたイベント、アジアで初開催となった２０１９年のラグビーW杯は、代表チームの活躍もあり、国民をひとつにした素晴らしい時間でした。

私は大会が始まる前から岩手県釜石市の会場・鵜住居復興スタジアムのアドバイザー（いわて・かまいしラグビー応援団公式アドバイザー）に就任していたので、世界からお客さまを迎えるにあたって、市民の皆さまと様々な準備を進めてきました。

そのひとつが地域の「サビとり」と「電球の取り替え」です。「割れた窓ガラスの張り

替え」も含まれます。

「ライバルは〈ディズニーランド〉。他の地域や会場ではない」

市民の方々を集めて何度も行われた講演会で、こう繰り返し伝えたのを覚えています。〈ディズニーランド〉に錆びついた箇所や、ペンキが剥げているところは見つかりません。また切れた電球が放置されているところなんて見たことがありません。だから、〈ディズニーランド〉は、これまで廃れたイメージなど1ミリも持たれたことがないのです。

ボランティアを募り、釜石のまちの中を練り歩いてペンキを塗るというイベントは、準備の段階で実は何度も行われていたこと。大会期間中の盛り上がりや世界から受けた称賛の背景には、こういったまちに輝きを取り戻す活動があったことを、お伝えしておきます。

もうひとつアイデアを。スウェーデン語の「プロッグ（拾う）」と英語の「ジョギング」を合わせた「プロギング」という新しいスポーツがあります。ゆるく地域を走りながらゴミを拾い、背負ったバッグや手に持った袋に入れていくというものです。これも企業のまちづくりに使えます。

ＳＤＧｓに再三登場する「レジリエント」という言葉を知る

ＳＤＧｓの17のゴールの下には、さらに１６９個のターゲットがあるとお話ししました。その中でよく使われている単語のひとつに「レジリエンス」とか「レジリエント」という言葉があります。『住み続けられるまちづくりを』の下にあるターゲットにも、実は２回登場します。

11番目のゴールのより詳細な説明文にも用いられていて、それは「包摂的で安全かつ強靭で持続可能な都市及び人間居住を実現する」と書かれています。

この「強靭《きょうじん》」という言葉が、ＳＤＧｓのターゲット文では「レジリエント」とか「レジリエンス」とカタカナ語に置き換えられています。あらためて「強靭」の意味を調べると、辞書には「強く、しなやかで、粘り強い」と出ています。

それは何に対してでしょう。ＳＤＧｓに関してひとついえば、それは災害に対してです。自然災害が多い日本では、いざ地域が被害を受けたとき、まちとして、また会社として、どれだけ早くリカバリーできるかというのが問われています。

となると、ここに貢献するにも、また中小企業のＳＤＧｓです。

岩手県の南に位置する北上市に、ガスをはじめとした気体を販売する〈北良〉という会社があります。被災地にある企業として、東日本大震災後に活動を大きくシフト。「また起こるかもしれない災害時に、地域を引っ張るリーダーたちを育成したい」と決めた社長の笠井健さんの考えを基に、次々とより強い地域をつくっていくための社会貢献活動を打ち出しています。

特筆すべきは本社内で使っている備品のあれこれのセレクト力です。

オフィス用品のカタログから職場で必要な備品を選ぶのではなく、むしろ災害用グッズから選ぶくらいの気持ちで〈北良〉は会社の強化をしています。たとえば、社内にあるベンチは、いざ災害時には担架に早変わりして、ケガした人を運ぶのに役立つものを揃えています。

災害時に活躍できるリーダーを育て、災害時に使えるグッズでインテリアをかためる。これも、レジリエントなまちづくりに貢献するアクションだと思います。

こういった活動が評価され、〈北良〉は２０１９年末に数々の大企業と共に「企業フィランソロピー大賞」を受賞しています。

第11章
まとめ

住み続けられるまちづくりを

都市と人間の居住地を包摂的、安全、強靭かつ持続可能にする

1 すでにやっているなら、それはSDGsです!

◎会社として地域の方々に還元祭・感謝祭を行っている

その活動を深掘りしたり、SDGsとして行っている宣言を!

2 明日からマネできる中小企業としての活動

◎社内の備品・社員の持ち物をレスキューグッズで固める

3 こんな職場だと、残念ながら矛盾に映ります

◎サビ・割れた窓・切れた電球などは社屋で地域に逆貢献

4 社会の課題・活動を知るだけでも一歩前進

◎米国には障がい者向けの他にもフレンドリーな駐車場が

! 参加できる社会貢献活動や寄付先のリスト

◎しゅくだいカフェ

全国に広がれ! 地域の子どもたちにとってのサードプレイス

https://syukudai-cafe.net/

◎日本プロギング協会

ゴミを拾いながらランニング。 北欧生まれのクールな新スポーツ

https://begin-plogging.com

第**12**章

『つくる責任 つかう責任』を中小として深掘り

中小企業としての買い物とノベルティ

「日本はエコ的な国か否か?」

リサイクル率やゴミ処理能力、各メーカーの技術や公共におけるゴミの分別などの視点から「日本＝エコ先進国」という方々と、「いやいや、そもそもゴミの量が多すぎる…」と感じている真逆の層と、その意見は様々です。


消費研究の観点から見ると、また異なる日本のエコ状況が窺えます。

それは「日本には**グリーン・コンシューマー**が少ない」という事実です。

直訳すれば「緑の消費者」。お察しの通り、「消費するなら環境に悪影響がないものを選ぼう」という姿勢で買い物をする人たちのことを指します。


日本がエコ先進国であるか否かはさておき、「このグリーン・コンシューマーが少ない・グリーンな商品やサービスは長続きしない」に対峙するのは12番目のSDGsのゴールへ向けた、いいスタートだと思います。

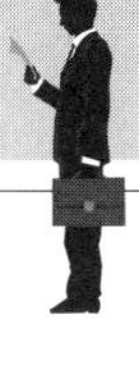

日本ではまだ少ない「グリーン・コンシューマー」になる

日本の企業やお店は、顧客の「より便利・より快適」を追求した結果として梱包材が多くなることや、あれこれ使い捨ての付属品が付いてくることにつながっている気がします。また消費者も清潔度や安全性を優先しますから、パッケージ類に限っていえば、どんどん商品が過剰包装になり、これもグリーンから遠のく背景にあると考えます。

欧米の方はというと、食事からグリーン・コンシューマーになることが多いです。ベジタリアン・ヴィーガン・オーガニック食品を中心に食べるという人が珍しくなく、感覚的には7〜8人で食事したらひとりはいるという感じです。そういった人たちが日々買い物をするのはヘルシー志向の食材店です。そんなお店には簡易包装のものが多く置かれています。小さなローカルの会社が製造した食品、またそれに合わせて環境に優しいグッズ類が棚に並びます。このサイクルでグリーンな商品とグリーンな消費者が増えていき、グリーンな市場が成長しています。

対して日本はベジタリアンやヴィーガンは根づきにくい。食文化が豊かであり、それを目いっぱいエンジョイしているのも理由。また大半の日本人は「すでに日本食という時点でヘルシー食である」と考えているので、わざわざ菜食主義にならなくてもという風潮も感じます。

しかし、グリーンな商品は環境に悪いインパクトを与えないというだけではなく、「ひとつ購入したら、○○をサポートすることに一部収益が使われます」というものも多いです。今回のゴールは『つくる責任 つかう責任』。日本の中小企業にも、その社員にも「つくるにしても、使うにしても、Go Green!」、これが提案したいアプローチです。

ただし、もっといえば「Reduce《リデュース》, Reuse《リユース》, Recycle《リサイクル》」という言葉と、その順番にもあるように、環境にとって一番いいのは「Reduce（減らす）」、つまり「つくらない」「使わない」というアクションです、実際。

後で触れますが、梱包やノベルティ、はたまた取引先への手土産でも、企業として「つくらない」や「買わない」という発想が、「つくる・使う」より先にあっていいと思います。

仮につくったり、買ったりしても、それを即捨てることなく〝使いまわす〟という「Reuse（再利用）」があれば、それもまた環境にとってはいいことです。

「Recycle」は再利用と訳されることも多いですが、正確には「再資源化」です。
「ペットボトル何本集めて、このジャケットをつくりました」もいい行いですが、そのボトルを回収する行為や、そこから素材という資源を再度つくるためにまわす工場のエネルギーなど、過程ではそこそこ地球に影響を与えてしまいます。一説では「再生紙をつくるより、普通の紙をつくった方がCO_2の排出は少ない」という話もあるくらいです。

リサイクルは必ずしも最高の優等生ではなく、この３つの言葉の順番では最終手段です(それでも個人的には再資源化された何かが選択肢としてあるときはそれを選択することは、周囲への気づきや啓もうという観点では大事だと思っていますが…)。

最近は、「Reduce, Reuse, Recycle and Respect《リスペクト》.」と最後に「敬意」が加わる表記が目立つようになりました。この３つをしっかり順番通りにやって、はじめて地球への敬意を示すということになる。私も同感です。

自社のみならず、関わるすべての会社のゴミを減らす視点で

「リデュース(減らす)」という観点でいえば、中小企業ができるアクションは、まず「自

社で出すゴミを減らすこと」です。

私が訪れた〈greenvines〉という台北市にあるコスメのメーカーは、エコを徹底的に考えた末、行き着いたのが「職場で出すゴミを減らすこと」でした。これは製造部門だけではなく、いわゆる普通のオフィスも含めてです。ビルの中にある彼らのオフィスでは、フロア全体で1週間に出せるゴミの重さとボリュームをルールで決めていて、週末に入る前に全スタッフで成績を確認する時間をつくっています。もしも既定のゴミ量をオーバーしたら、すぐに反省会。「どうしたらゴミを減らせるだろうか」をスタッフ全員で考えるのだそうです。

こういったエコ意識が高い会社は台湾に今増え続けています。

私はブランディングの仕事を台湾でも行っているので毎月のように訪問しますが、各社に持っていく手土産が、これまでになく難問になってきています。

以前なら中華圏の会社へのお土産は「箱が大きく、ずっしり重いもの」が相場。そういったお菓子を喜んでいただけたのですが、ゴミを出さないという姿勢の会社に、それはマズいです。

この流れでいえばSDGsに取り組む会社は、こう考えるのがいいのだと思います。
「自分たちの会社はゴミを出さない。我々と関わるすべての会社のゴミをも減らす工夫をする」と。

取引先に商品を送るときに使う梱包や緩衝材、また配るパンフレットやノベルティ…、そして今しがた触れたお土産も含めての話です。「お土産文化」があるからこそのメリットも頷けますが、少しだけ発想の角度を変えた、ゴミ箱を満たす速度を遅くするための努力やアイデアは、とてもSDGs的な取り組みです。

私は、相手が企業でも個人でも、ギフトを贈るときは「エシカル商品」と決めています。
「エシカル商品」とは、「売上の〇%が〇〇の支援のために使われます」という類の商品です。または製造の過程において、誰も傷つけていないとか、環境にダメージを与えていない、誰からの搾取もしていないという要素もあります。
「ETHICAL」には「倫理的に正しい」とか「道徳的」という意味があります。

ギフトやお土産を贈る・贈られるは、その気持ちや選んでくれた時間、その時に相手を想うという行為が大事なので、それが何であっても素晴らしいもの。しかし、いただいた時は喜んでも、最後まで残さず食べたり、使ったりするものがどれだけあるでしょうか。

もし仮に使ってもらえなくても、もしも食品なら食べてもらえなくても、エシカルな商品を贈れば、その売り上げの一部が社会問題や、困っている誰かを救うことになります。

だから、私はなるべくギフトをエシカル商材と呼ばれるものから選んで贈ります。

パンダのマークでお馴染みの〈世界自然保護基金（ＷＷＦ）〉のサイトに行くと、たとえば〈パンダショップ〉といって、そのロゴが入った商品をはじめ数々のエシカル商品がオンラインで並んでいます。トイレットペーパーなどもあって楽しく選べます。

どこにでも店舗が見つかる〈ザ・ボディショップ〉は英国発のコスメブランドですが、常に何かしらの社会課題に沿ったキャンペーンを行っているし、原材料を集める過程で搾取しないことを徹底している社会派な企業。こういったところからギフトを選ぶのもいいでしょう。同じコスメならば〈ＬＵＳＨ〉も動物実験を行わないことを推しています。

もっといえば「モノで贈らない」というギフトもありです。特にお礼をするときに私は使いますが、可能なら〝植林〟や〝一口城主〟といった贈り物も考えてみてください。贈り物ですから、あなたが支払いをウェブサイト等で行います。

この贈り主の名前の箇所を、あなたがギフトを贈りたい方の名前に替えます。

金額や選択、またそういったギフトサービスの設定で異なると思いますが、相手のお名前で寄付したという証明書がフレームに収まったカタチや、盾というカタチで、後日その方に郵送されるというのがざっとした流れです。


このスタイルで、たとえば私は熊本にゆかりのある方、また戦国武将好きな方に、震災後の熊本城の再建に使われる費用の〝寄付を贈る〟をやっています。正確にいえば、「一口城主になれる権利」を、他の人の名義で購入しています。熊本城の場合は、一口城主の名前をサイトで検索できる仕組みを採っています。

過去には〝植樹〟も、ずいぶん贈りました。

〈プレゼントツリー〉という素敵なサイトがあり、ここを通じて誰かの名義で植林をギフトとして贈ると、その方にはクールな証明書が送られてきます。

贈った企業に行くと、皆オフィスのとてもいい一角に、その証明書を飾ってくれていました。そして、決まって「今度、一緒にその木を見に行きましょう」と盛り上がりました。

こういったギフトアイデアは、ゴミを生まず社会のためになる、そんな贈り物です。

私がかつて勤めていた〈ホンダ〉には、「相手の趣味に関するお土産や贈り物はＮＧ」というルールがあります。それは創業者・本田宗一郎の「その趣味に関しては相手の方が知っている。相手の好みのものだってある。そこは踏み込んではいけない領域」という発想が基になっています。

こういったポリシーをひとつ社内に設けるだけでも、使われずに終わる商品、いい方は悪いですが世の中のゴミを減らすことになるかもしれません。

ちなみに、あなたの会社にもエシカルな商品やサービスがラインナップとしてあるといいです。タイアップや寄付をするのではなく、ＳＤＧｓ17項目の中であなたの会社が集中して貢献したいと思うゴールに沿った商品・サービスだと、より活動に芯や軸のようなものを感じます。

本業に関連した何かに貢献というのもアイデアです。

私が知っている足裏マッサージのサロンは、サービスメニューをひとつエシカルにしていて、それをお客さまが選ぶと売り上げの一部が義足となり、それを必要としている人のところへ届くという方式にしています。

『つくる責任…』は商品・サービスだけではなくノベルティにも

商品やサービスのみならず、社名入りのボールペンなど、企業は「ノベルティ」も日々つくります。会社としてつくり、そして使う（配る）なら、そこにも『つくる責任 つかう責任』は生じます。

プロモーション活動の一環として無料でバラ撒かれるという定めから、ノベルティはゴミとして捨てられやすいです。ＳＤＧｓに取り組む会社は今、「プラスチック製のノベルティは、もう止めよう」とか、「トートバッグは誰の家でも余っているのだから、もうエコとはいえない」など、新しい議論を会議室で交わさないといけないところにきています。

ノベルティは新商品の発表や見本市での出展に合わせてつくることが多いので、忙しい日々の中で深く考える時間がなく、過去と変わらぬ〝名入れした何か〟に着地しがちです。

ここは「名前を売ろう」よりも、「なるべくゴミにならないように」と、社会寄りの目線で考えていきましょう。ノベルティだけでも一冊の本を書けるほど、私は過去にいろいろつくってきていますが、どこの業界にも通じるものとして、クリアファイルの考え方を、ここにシェアします。

ちなみに、この書籍を執筆している今現在では、私の新ポリシーとしてプラスチック製のクリアファイルは一切つくっていません。現在はノベルティでも社内用でも、紙製のもののみクライアントのためにつくるようにしています

私がつくるノベルティは〝保存率〟、つまりゴミにならないことを優先します。

では、それを達成するには？　デザイン？　国民的アイドルの起用？　それらも考え方として正しいと思いますが、中小企業には私は、〝お役立ち度〟を優先します。


たとえば、クリアファイルのお題を『もしもおもちがつまったら』とし、対応策をイラストと共に記す。発行元の商品名や会社名は控えめに。お正月には残念ながら、そういった事故が家庭内で多い日本。このクリアファイルを、いざという時は役立ててほしいし、そのためにも家のいちばんいいところで使ってほしいとリアルに願っています。

同様のシリーズで、『こんなときは１１９、こんなときは１１９じゃない』、『指差しで外国人とコミュニケーションできる』というクリアファイルもつくりました。


冷蔵庫に貼るお役立ちマグネットもノベルティとして何度もつくったことがあります。

そのマグネットにはペンで書ける空白の箇所があり、そこには『災害時に家族が落ち合う避難場所を書きましょう』と書きました。冷蔵庫は家族のメンバーが最も集中するスポットです。そこに貼るノベルティ、そしてそれが家族にとってのお役立ちツールであれば、きっと使ってくれるはず、ゴミにはならないはず、と考えたものです。

イベントのたびに「Tシャツをつくる」という癖を止める

中小企業のコンサルティングをしていると、ついてまわるのが会社のイベントです。

そして、同時に出てくるのが「Tシャツをつくろう」という声。これが運営スタッフ用の場合もあるし、参加者（全社員）に向けたものであるケースも少なくありません。

たしかに、お祭りごとの演出としてはあった方がいいです。絆や一体感、写真を見返したときのビジュアル力も期待できます。実際、この言葉は会議室で次から次へと出ています。でも、ちょっと「？？？」となるのは、その次に出てくる言葉…。

それは「終わった後は、各人にプレゼントということで持って帰ってもらおう」です。

いやいや、それが雑誌に取り上げられるくらいの格好よさなら喜ばれるかもしれませんが、持って帰ったところでそれ、寝間着となるか、引き出し奥底にしまわれて次の引っ越しまで出てこないか、大掃除の時に使われるか…、どのみち遅かれ早かれゴミ箱行きです。

あまりにも、そういう例が多いので、私が始めたのは、はじめからリユーズしてもらえるところを決め、その団体に寄付する約束でTシャツをつくるというスタイルです。

42ページでもお話しした〈電巧社〉は、毎年バーベキューイベントのためだけに全社員用のTシャツをつくっていた会社でした。

「今年から〝SDGsBBQ〟と謳っているのに、Tシャツは例年通りなんておかしい。ここは『事後は社員にあげる』ではなく、今それを必要としているところに全社員分寄付しましょう」と伝え、BBQイベントの事前準備の段階から事後のTシャツの寄付先を決め、そしてそれをTシャツのデザインの中にも盛り込みました。

具体的にいえば、そのころまだ震災後の熊本で闘っていた全国から集まるボランティアたちに行き渡るように〈熊本YMCA〉を通じて段取りをしたのです。

このことはメディアにも取り上げられ、また〈電巧社〉の人材採用チームも学生たちに伝える自社のストーリーとして使っています。

『つくる責任　つかう責任』に限らず、中小企業が普段行っていることは、少しだけアイデアの角度を変えると、よりSDGs的になるはずです。いつもの会議室での話し合いのどこかでSDGsのことを思い出せたら、そのアイデアは高い確率でよりソーシャルフレンドリーになるはずです。となると、会議室にあるといいのはSDGsの17のゴールが載ったポスターです。例年カレンダーを年末に配っている会社なら、次回はそんなスタイルでつくるといいかもしれません。

This shirt goes to
KUMAMOTO after this.
Reused by volunteers
in the disaster-stricken area.

第12章
まとめ

つくる責任 つかう責任

持続可能な消費と生産のパターンを確保する

1 すでにやっているなら、それはSDGsです！

◎商品関連ゴミを減らす工夫。職場で出すゴミの削減努力

その活動を深掘りしたり、SDGsとして行っている宣言を！

2 明日からマネできる中小企業としての活動

◎お土産を見直す。エシカル商品や品物以外をギフトに

3 こんな職場だと、残念ながら矛盾に映ります

◎ゴミを減らしながらも、環境に悪いノベルティをつくる

4 社会の課題・活動を知るだけでも一歩前進

◎欧州を軸に梱包資材ゼロのスーパーマーケットが増加

! 参加できる社会貢献活動や寄付先のリスト

◎パンダショップ

〈WWF〉のサイト内から飛べるエシカル商品のネット通販サイト

https://shop.wwf.or.jp/

◎1% FOR THE PLANET

1000社以上が集まり各社の売上の1%を環境保護に寄付

https://www.onepercentfortheplanet.org/

第13章

出張・会議・打ち合わせを減らし『気候変動対策』

温室効果ガスと企業活動を結ぶ発想力

温室効果ガスを減らすことに待ったなし！
「地球温暖化なんてメディアがつくったまやかし」と反論する人もいるでしょう。
でも、溶け始めた北極や南極の氷が南太平洋の島々を沈ませると私が学生のころ聞いた話が、今現実になろうとしています。

日本国内でも毎年大きな異常気象による災害が起きているのに、それをこのグローバルで語られている**『気候変動』**や**『温室効果ガス』**と絡めて語る人は少ないなと感じます。欧米では食肉のために家畜を育てることや、牛のゲップが温室効果ガスの排出に影響することを高校生だって知っています。それと、これとを結びつけて考えています。

CO_2の排出を減らす動きや社会は「**ゼロカーボン**」や「**低炭素社会**」と表現されますが、中小の企業活動もつきつめれば必ずこれらにつながります。
大事なのは“**結びつける発想**”です。

「直接ご挨拶に伺いたく…」を止める勇気を

中小企業や行政で働く方から、「ここは直接お会いして…」「一度、直接ご挨拶を…」という言葉が頻繁に出てきます。フェイス・トゥ・フェイスでリアルに会うことを、とても重視します。

初対面でバックグラウンドチェックや相性の確認も含めて会うのならいいと思いますが、２回目以降の慣れた仲なら、ほとんどの打ち合わせは〈Ｚｏｏｍ〉、〈スカイプ〉やMicrosoft Teams、iPhoneなら〈フェイスタイム〉等を使ってネット上で済みます。

余談ですが直接会っての打ち合わせといっても、ずらずら複数でやってくる同行者の中には会議中に一度も口を開かず帰る人も少なくありません。打ち合わせ後に、「そういえばあの人の肉声を聞かなかったな」と冗談ではなく思うことは多いです。

それは出張や外出のムダ使いです。自分の普段の仕事と同時ないし並行し、社会をベターにするために動いていこうというのがＳＤＧｓですから、ロジカルに考えたら本業の生産性を高めることが大事。より社会のために考える時間や、社会のために使うエネルギーを確保できるからです。

たしかにネットを介しての会議や打ち合わせは〝挨拶〟や〝直接〟を重んじる日本の文化には合わないかもしれません。もしくは交通網が発達し、道路がよく、車検もあってクルマが故障しにくい国故、「そこへ行く」が簡単にできてしまうからかもしれません。

でも、今日の午後にクルマに乗って出向いた〝ご挨拶〟や、明日飛行機に乗って参加する（ネットで済む）報告会議…、それらも一つひとつをつなげば気候変動に影響するかもしれません。私は「失礼かもしれませんが、ご挨拶は〈Ｚｏｏｍ〉にて、〇月〇日の午後3時に…。弊社の今年からのルールでCO_2削減のために出張や外出を25％減らすことになっていまして…」という会社を失礼とは思いません。むしろ、超カッコイイと思います。

問題は、どこの地域でも業界でも、誰がこのルールを先駆者としてはじめるのか。私はＳＤＧｓに真剣に取り組もうとする中小企業の中から出てきてほしいと願っています。

ＳＤＧｓの13番目の項目は『気候変動に具体的な対策を』です。

ここはゴールの説明書きの中に、『気候変動とその影響に立ち向かうため、緊急対策を取る』とあります。貧困や健康は命に関わります。でも、実は気候変動もそうです。

ここはスピードが求められる重要な項目なのです。

欧州では、わざわざ乗り物を使って会いに行くと怒られる!?

私は夏至と冬至の日の年2回、中小企業向けに〝ゼロ・ウェイスト〟や〝脱プラスチック〟を促す雑誌を発行しています（私は、その2つの日が大好きで、「地球に住んでいる」を最も実感できる日だと思っているからです）。

毎号、ひとつの国にフォーカスし、その国の日本には知られていないエコ企業を雑誌内でレポートしているのですが、それはドイツ特集のときでした。

ベルリンにある〈セコンドベック〉というパン屋さんは、その名前からも察することができるように「セカンドハンド（新古品）」のパンを売るお店です。

その運営のシステムは大変ユニーク。ベルリンの街中で余った他のお店やホテルのパンを回収し、新品のようにディスプレイして売るというスタイルで、普通の路面店のベーカリーでやっています。住宅地にあるのですが、お店に入るなり、店員から怒られました。

「お前は環境雑誌をやっているのに、どうして飛行機に長時間乗って、CO_2をまき散らして、わざわざ日本からベルリンに来るんだ!? 〈Zoom〉で十分だろ、これは」

皮肉？　冗談？　いや、その眼はマジでした。でも、これが今の欧州に住む人の普通の感覚です。同時期にベルリンで取材したエコビレッジは大規模なのにもかかわらず駐車場はゼロ。用意がないのです。そのメッセージは「クルマで来ないで」だそうです。

スウェーデンの高校生で、たったひとりで気候変動へのストライキを始め、世界中で一躍有名になったグレタ・トゥーンベリさんも、今ではすごい影響力の持ち主で、あっちのストップ温暖化会議、こっちの環境保全会議と国境を越える毎日ですが、飛行機以外の手段で動いています。

「やり過ぎでしょ」という大人たちは特に日本の有識者に多いなと思いますが、当然これにはパフォーマンスというか、世界へのアウェアネス（気づき）も込められています。

でも、世界のティーンたちは支持しています。私は仕事柄、世界中の高校のキャンパスに足を運びますが、生徒たちが主催するイベントのポスターを見ると、その多くが環境に関するものです。この子たちが選挙権を持つころには、きっと世界の多くの国で〝緑の党〟みたいな環境保全の政策を前面に掲げた政党が多くの支持を集めていることでしょう。

美しいメロディで世界に熱狂的なファンを持つモンスターバンド、英国出身の〈コールドプレイ〉も、２０１９年に環境に与えるインパクトが大きすぎるとツアーの中止を発表。じっくり考えて、少なくともツアーを通じて排出するCO_2と、セーブするCO_2の量をイーブンにする〝カーボンニュートラル〟な状態でコンサートができるようにしたいとインタビューで答えています。

「世界的に有名なアーティストが、地球を守る方向に動くのは素晴らしい」と〈ＷＷＦ（世界自然保護基金）〉が歓迎のコメントした一方、日本のＴＶコメンテイターや文化人（おそらくそんなにコールドプレイのことも知らない）の反応は、なかなか冷ややかでした。


ちなみに、社会派バンドの元祖である〈Ｕ２〉も、２０１９年末に行われた久しぶりの日本公演を水素エネルギーで行い、極力CO_2の排出をしないように配慮していました。

これには55ページの事例で紹介した福島の〈アポロガス〉も協力して実現しています。


世界に先駆け〈プリウス〉という名車を世に送り出した日本ですが、ここ最近では移動に関してだいぶ他の先進国との間に考えの差が出てきてしまいました。

「会わない」「行かない」「ネットで済ます」を、どこまで早くルール化できるか？

今日から中小企業として、ぜひともここの話し合いを（ネット上で）。

働く人の文句は「会議」に集中？ この機会に改革！

働く人に向けたアンケートで「不平」や「不満」、「ムダだと思うこと」で常にトップ争いをしているのが会議・打ち合わせです。

私は仕事上、全国のあらゆる業界、あらゆるサイズの会社の会議に出ます。

それらが長いのは、「今、何の時間？」という瞬間が多いのが一因。会社によっては、はじめと終わりがダラリとしていて、明確ではないのも、時間が長く感じる理由でしょう。「また今度考えましょう」というセリフも頻度高く登場するし（何のための会議？）、そもそも全体的に雰囲気が暗いし、説明する人の話がつまらない…。眉間にシワを寄せ、ズーンとした雰囲気の中で、いいアイデアなんて出てこないです。世に出したときに広がるアイデアは、大抵は明るく・ワクワク・楽しい雰囲気の会議の中から生まれたものです。

説明・報告といったプレゼンも発表者の多くからは、「可もなく不可もなく、この場をとりあえずやり過ごそう」という残念な意図を感じます。

人の耳を拝借するというのは、その人の大切な寿命の一部分をいただくのと同じ。それが何の話であっても「聞き手を楽しませる」という配慮やエンタメ性がほしいところです。

しかし、会議・打ち合わせ等が「部屋に集まる」ものから、「ネット上」にとって代わると、これらの問題も実は自然と解消されていきます。

まずネット上に集まるので、「10時開始」といったら、私の経験上、まず前後1分くらいのズレで皆集まります。画面上に参加者の名前と顔が出てくるので、不在・遅刻による辱めにあうのを避けたいというプレッシャーがあるのかもしれません。

またムダ話・世間話が、いい意味でしにくいのもネット上での会議の特徴。通常は直球でアジェンダにいきますし、そして脱線もリアルな会議よりかなり少なくなります。

画面に向かって話すときは、より丁寧に分かりやすく説明しないと理解できないので、話し手も、「話が会議室の時よりも上手くなっている」と感じることがよくあります。

仕切る人のリーダーシップも、ネットでの会議にはいい緊張感があるようですし、話を振られる側の参加者もリアルな会議室なら雰囲気から「自分にきそう」が分かりますが、ネット会議では分かりにくい。ゆえに、すごい集中力で内容をフォローします。

となると、集中力の持続の問題から、おのずと会議は短く…。話に関係なくなった人も、フィジカルに会議室を去るわけじゃないから、会議を抜けやすく…。

何よりも「今、何の時間？」があると、ネットの会議では、ちょっと不気味。暗黙の了解で、誰かしらがちゃんとしたことを、ちゃんと話している状態が続くという、本当にメリットばかりです。

ＩＴ業界では、こんなのは常識です。先進的なＮＰＯ・ＮＧＯもネット会議が主流です。ここにいちばん遠いのは建設・建築関連の会社や自治体。環境関連の会社すら、まだなかなかネット会議を多用はしていないのが現状です。

大胆に物事を行うことは、半ば成功したようなものである

「大胆に物事を行うのは、半ば成功したようなものである」とは、私が好きなフランスのことわざです。中小企業…特にオーナー企業のいいところは、大胆に明日から何かを変えられること。

また、その変化を浸透させられるサイズの組織であることもメリット。大企業なら時間がかかることを短時間でできるなら、それが何であれドンドン中小はやるべきです。

「大企業にできないことを、すべてやる」、これが中小企業の戦略の基本設計です。

ＳＤＧｓの13番目のゴールである『気候変動に具体的な対策を』のために大胆なアクシ

ヨンをとれるのも、実は中小企業ならではのこと。

たとえば、私ならばスーパーフレックスの勤務時間を導入するだろうし、夏休みやお正月休みもオフピークにして大胆にズラすかもしれません。

というのも、CO_2の排出に最悪なのはアイドリング。大型連休の渋滞や日々の渋滞に、社員が巻き込まれないようにルールをつくるだけでも、ＳＤＧｓの取り組みといえます。

１日（１回）の勤務時間を多少長くして週休３日にするのもあり。通勤をしないことでCO_2を出さないというアイデアです。週に１度はネット上での勤務という形にし、通勤する日を１日減らすでもいいと思います。

最近は耳にしなくなった「カジュアルフライデー」も、ここで復活。でも、今なら逆さまにします。つまり、月〜木をカジュアルに。金曜日のみをカチッと従来のビジネスパーソンらしくというルールにします。エアコンを通じたエネルギーへの貢献が今よりできるようになると思います。

スニーカーによる通勤が増えれば、おのずとクルマを止め、自転車通勤や「一駅分は歩こう」という動きも社内に出てくると思います。

私は山陰にある地方銀行のブランディングの顧問も務めていますが、島根・松江にあるその銀行の本店に勤める行員は今全員が毎日カジュアル出勤です。

これにより本当に行員が皆カッコよくなりましたし、実年齢より5歳は若返りました。それでいて、そのカジュアルな装いにＳＤＧｓバッジをつけている若手も多いのもステキです。

山陰全域に影響力のある銀行ですから、ここが大胆にルールを変えたことにより、この地域の働く人たちの装いは、きっと数年かけて激変していくと思います。


スニーカー通勤の人や会社を増やしたいもうひとつの理由は、気候変動により悪天候に見舞われるリスクが増したことに関係しています。

「交通網がダメージを受けたからクルマを置いて歩いて帰らないといけない…」

「土砂災害の心配から、ここから今すぐ走って逃げないといけない…」

今日の日本なら、通勤の途中や勤務先の近くで、いつこんな状況になるか分かりません。

その点から、スニーカー。私は東日本大震災以降、いざという時には機敏に動けるように、ほとんどビジネス的な革靴を履いていません。プライベートではサンダルも震災後、一度も履いていません。

第13章
まとめ

気候変動に具体的な対策を

気候変動とその影響に立ち向かうため、緊急対策を取る

1 すでにやっているなら、それはSDGsです！

◎出張・外出を減らしネット上で打ち合わせ

その活動を深掘りしたり、SDGsとして行っている宣言を！

2 明日からマネできる中小企業としての活動

◎働く恰好のカジュアル化。休暇の自由化で渋滞回避

3 こんな職場だと、残念ながら矛盾に映ります

◎照明やエアコン、社用車に省エネの工夫がない

4 社会の課題・活動を知るだけでも一歩前進

◎地球に悪影響を及ぼす移動や食生活を見直す人が増加

! 参加できる社会貢献活動や寄付先のリスト

◎再エネ100宣言｜RE Action

意識の高い企業や自治体が再エネ100%を目指す活動

https://saiene.jp/

◎グローバル気候マーチ

グレタさんに共感する若者たちが世界各地で行うデモ

https://ja.globalclimatestrike.net/

第14章

海に囲まれた国だから『海の豊かさを守る』の手本に

中小企業が率先して減らすプラスチックごみ

海に囲まれた島国である日本に住み、
世界一シーフードが大好きな日本人なら、
このSDGsの14番目は、とても気になる項目です。

海の近くを拠点とする中小企業は、ここにフォーカスした活動をするといいかもしれません。
プラスチックごみと海には大きな関係があり、近年は国際会議ではアジェンダの中心となっています。
海に住む生き物のお腹からプラスチック製品が出てくる写真に心を痛めた人も多いと思います。
加えて**サカナの乱獲**も大問題。枯渇して次世代が食べることができない種類も、今後は出てくることでしょう。

日本でもようやくコンビニの**レジ袋**や**プラスチック製のストロー**を減らす動きが出てきていますが、それは先進国として遅いくらいです。
日本の中小企業として、このゴールに関してできること、本章で一緒に探っていきましょう。

海に囲まれた国だから、今そこにある海の問題を知る

〈YouTube〉でもスマホで見るニュースでも、本人の興味・関心を軸に端末が勝手にコンテンツをすすめてくる今の時代は、便利で楽しいけれど、世界に存在する社会課題には逆に気づきにくい時代ともいえます。

14番目のゴールの『海の豊かさを守ろう』にしても、こちらから能動的にネットで調べたり、それに関連したニュースの見出しをスマホでクリックしたりしないと、「シーフードの枯渇」や「マイクロプラスチック」といったことが情報として入ってこないです。

私は学生や若手に向けた講演・セミナー等で、その世代が雑誌を買って読む世代ではないことを承知で、「マジメな情報誌を定期購読してください」と伝えます。

定期購読は、書店で毎号一冊ずつ買うより、大抵の場合は出版社からディスカウント価格が提示されます。ただでさえ日本の情報誌はクオリティと情報量から考えたら安価なのに、さらにお安くかつ、あれだけのボリュームを毎号なんて、本当に各編集部の仕事量には頭が下がります。

そんな優良な情報にアクセスできるのに、読まないなんてモッタイナイ。ここは定期購読です、絶対。定期購読じゃないと、興味がある特集・見出しの時にしか、その雑誌を買いません。対して情報誌の定期購読は、その号の話題が何であれ、あなたの元に郵送で送られてきます。お金を払っているから、興味のない特集でも、きっと誰もが読むと思います。

これが今そこにある世界の問題を知るには、いいムーブ。今のブームではなく、ＳＤＧｓに絡めたグローバルな課題の詳細を情報誌を通じて知ることができます。

おすすめしたいのは、たとえば『ＷＩＲＥＤ』。『オルタナ』や『ソトコト』もいいと思います。歯医者さんの待合室でお馴染みの『ナショナル・ジオグラフィック』は、写真だけ見ていても美しく楽しいです。もちろん『ニューズウィーク』も。ちょっとビジネスや企業寄りになりますが『フォーブス』もステキです。もう紙版は発行していないので、今読めるのはウェブ版のみですが、情報誌の最高峰は『クーリエ・ジャポン』。これで世界の問題は、かなり広く知ることができます。

こういった雑誌には、たとえば海にまつわるものならば、「マイクロプラスチック」「海洋プラスチック」や「シーフードの枯渇」、世界の急速な「脱プラスチック」の動きが、数年以上前から頻繁に載っていました。

あなたが明日食べるシーフードはサステイナブル？

世界でシーフードの需要は急激に高まり、このペースで海からサカナを獲り続けると、近い将来、約90％の種類が枯渇するといわれています。過去50年で、なんと世界のシーフードの消費量は、ひとりあたり2倍になっているそうです。

TVニュースでも時折「クロマグロやウナギが食べられなくなるかも」と報じていますが、それらも含めた9割のサカナが「サステイナブル（持続可能）な食べもの」とはいえないのです。魚市場に関わる人たちからは、「今日はサカナが入ってない」という会話も頻繁に交わされると聞きますが、データ上それもそのはず。ここ30年で日本の漁獲量は⅓に減っているのです。

そして、同じ「⅓」という数字でいえば、日本に出まわっている輸入もののシーフードの⅓は違法のもの。「Illegal（違法）」「Unreported（無報告）」「Unregulated（無規制）」の頭文字をとって〈IUU漁業〉といいますが、日本ではシーフード需要が高いのも手伝い、知らないうちに私たちも、そんな魚介類を口にしている可能性は低くないといえます。

では、どうすればいいのか？「このシーフードはサステイナブルですよ」を示すエコラベルや認証ブランド、また〈ブルーシーフードガイド〉といって規定に沿って獲れば今のところ持続可能な魚介類がリスト化されたものがあるので、それらを見ながら買ったり、食べたりするのが、まずはＳＤＧｓのアクションのひとつです。

今のところ、海のエコラベルである〈ＭＳＣ〉を筆頭に〈ＧＳＳＩ〉とか、似たようなコンセプトのロゴが出まわっています。水産加工品のパッケージや、売り場に並んだサカナにステッカーという形で付いている、214ページの写真上のようなラベルが目印です。アメリカのレストランではメニューの説明書きにも「これはサステイナブルな方法で獲ったサカナを使っています…」という感じの文が載っていることも増えました。

しかし、このサカナ問題は乱獲と需要の高まりだけが引き起こしているのでしょうか？また13章の話に戻りますが、これには気候変動も大きく影響していると思われます。これまでは南の方でしか獲れなかった種類のサカナが北の方の海で獲れはじめているというニュースを聞いたことがあると思います（これは陸上での農業も同じ）。

でも、それにも増して一部の地域で大問題になっているのはサンゴの白化。白化はサンゴの死につながります。これは緑豊かだった海が砂漠化してしまうようなものです。

サンゴは海の生態系バランスを守る上で、とても重要な役割をすることが分かっています。陸上における植物のようなものなので、死滅してしまえば海の中の酸素量が減る。その近くで暮らすサカナたちには影響大です。

グレートバリアリーフなんて１５００キロという、とてつもない広範囲にわたってサンゴがあったオーストラリアの海ですが、毎年の海水温の上昇で、今ではその⅔が激しい白化にさらされ、回復するかどうかは分からないそうです。

これも日本ではあまり知られていませんが、今世界の海の近くのリゾートでは日焼け止めのクリーム等もエコ的に進化していて、「サンゴを傷つけない」という種類が増えてきています。

パラオでは世界に先駆け、サンゴにとって悪い成分を含む日焼け止めを２０２０年から禁止。使用を見つけたら約10万円の罰金です。より日本人に影響しそうな場所ならハワイ。ハワイ州も全部の島・全土で、２０２１年より販売禁止です。

先ほどは「情報誌の定期購読がおすすめ」といいましたが、同時にここで提案したいのは「海外のドキュメント映画の鑑賞」です。

たとえば、このサンゴに関してなら『チェイシング・コーラル〜消えゆく珊瑚礁』という〈ネットフリックス〉のオリジナル映画があります。評価が高く、エミー賞の自然ドキュメンタリー部門・最優秀賞に輝いています。

他にも世界の水に関するものや、世界の食糧に関するものなど、ドキュメント映画をセミナーのように使い、社会課題を知るのはSDGsの一環としてオススメしたいことです。その映画に関するライセンスの条件やコンテンツの使用ルールに注意を払いたいですが、会社として社員に課題図書ならぬ課題映画という形で観てもらうのもアイデアです。

中小企業としての「脱プラスチック」

一昔前なら「MY箸」。今は「MYストロー」の時代です。竹やチタン等の素材でできた「MYストロー」は、海外の雑貨店やカフェのレジ横で売っています。お店で提供するものも土に還る素材や紙製のストローが今は主。お隣の台湾も、ここはすごく進んでいます。日本も急速に脱プラスチックにシフトしていますが、世界に比べたら歩みは遅いです。でも、サービスのスピードは半端ない日本。テイクアウト系のカフェでテキパキ働くスタッフは難敵で、私はプラスチック製のストローを断るようにしているのですが、こちらが申し出る前に用意されたり挿されたり…。

プラスチックは今なぜ悪なのか？　適切に処理すれば（製造過程のエネルギーや石油の問題はさておき）、そんなに悪者ではないかもしれません。

が、日本は海に囲まれた国。そこに流れ込む河川も無数にあります。プラスチック製の袋が海に浮かんでいると、海で暮らす生物の首や胴、ヒレなどに絡み、自由を奪うことになります。クラゲと間違えて食べてしまい、それを消化できぬまま苦しむウミガメやクジラ、イルカもいます。実は目視できないような「マイクロプラスチック」と呼ばれる極小のプラスチックも魚介類の中に蓄積されていたりします（まだまだ分かっていないことも多いのですが）。

意外なところでは、洗顔料のスクラブや歯磨き粉の中にあるツブツブが自然素材ではなくプラスチックの粒子の場合、洗面台から最後は海に流れ、サカナのおなかに入ります。

今後は土に還るプラスチックなどが、もっともっとこの日本でも使われるようになっていくと思いますし、日本の技術が世界のこの海洋プラスチックのゴミ問題に国単位で貢献できる日が来ると信じています。

私はラグビー界の伝説的なチーム〈新日鉄釜石〉をルーツに持つ〈釜石シーウェイブスR.F.C.〉のクリエイティブディレクターを務めていますが、岩手県釜石市は「鉄と魚とラグビーのまち」で、そう駅前にもでっかく書いてあります。

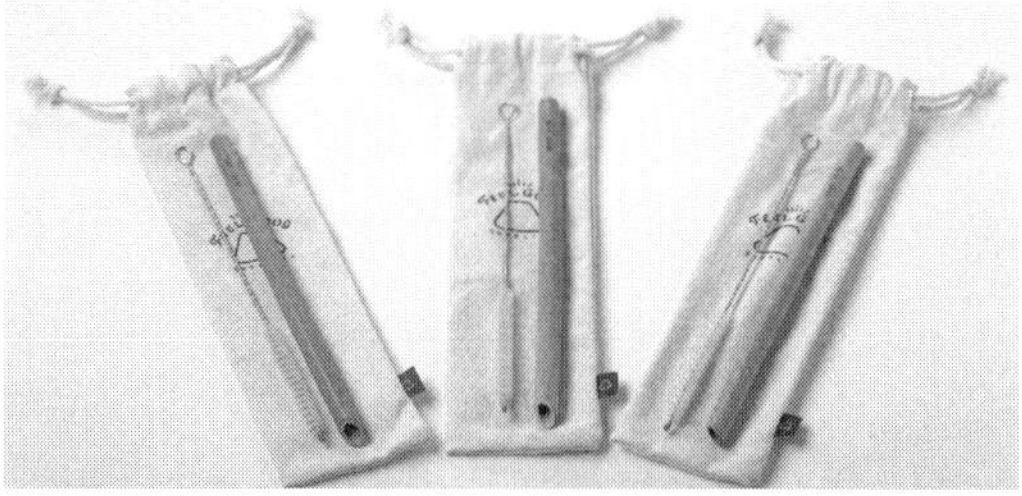

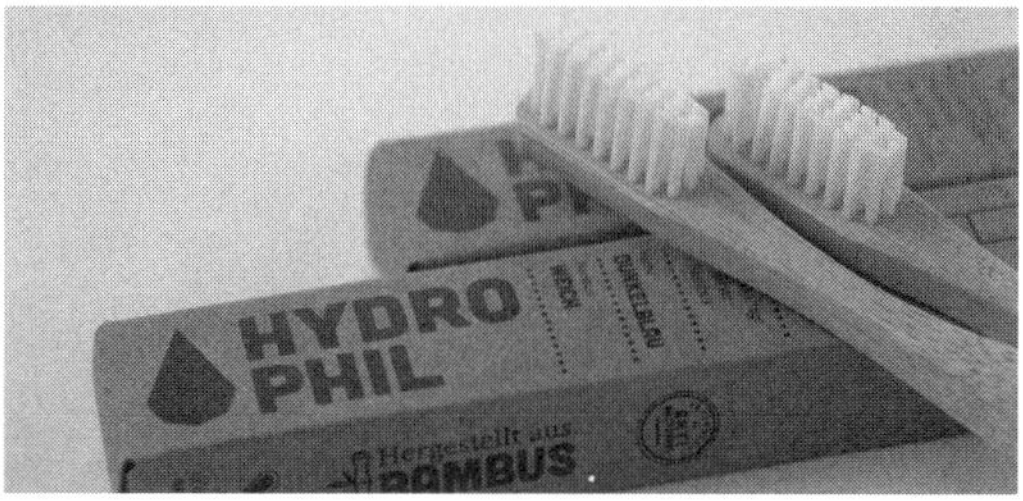

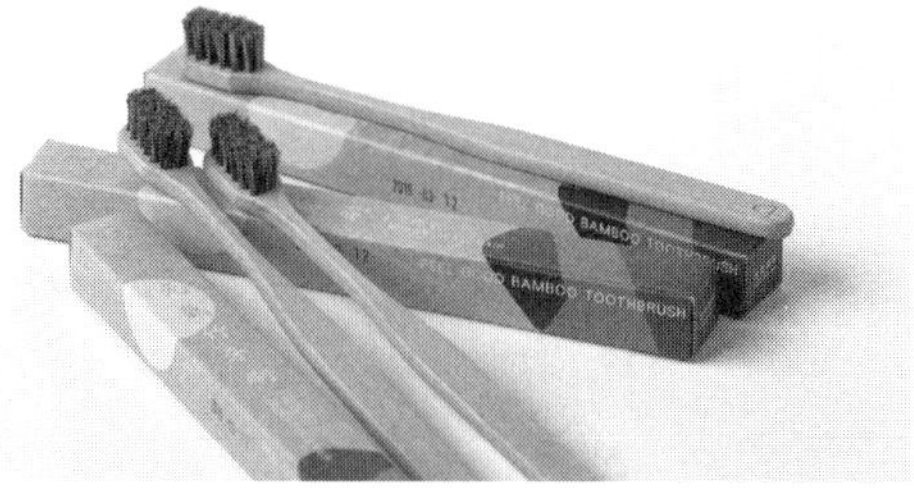

台湾や欧州の竹・木・紙を使ったストローや歯ブラシ類。急速な広がり

だからこそ、私はクラブ運営の方針として「脱プラスチック」を今後掲げたいと考えています。極力事務局がプラスチック製品を使わないこと。リリースする応援グッズや、その梱包にプラスチックを用いないこと。海に最も近いホームグラウンドを持つチームだからこそ、こうして他スポーツチームに先立って示していくことが大事だと考えています。

いろいろな意見が導入前にはあると思いますが、「釜石がやらずに、どこがやる⁉」と自分の中では強くコミットしていることです。あなたの会社やまちが、もしも海に近いなら、ぜひ脱プラスチックのパイオニアになっていただけたら嬉しいです。

プラ製のクリアファイルを再利用。それを促すステッカーづくり

プラスチックといえばペットボトルに入ったドリンクの使用や提供も、私のコンサル先でＳＤＧｓに取り組む会社には、今控えてもらっています。

厳しい？　２０１９年に大阪で行われたＧ20サミットで、プーチン大統領はＭＹタンブラーを持ち歩いていました。このＧ20での最重要議題のひとつは海洋プラスチックごみ。

一方、これに関して日本はというと、千葉県成田市の議会が、市議会議員によるＭＹタンブラーの持ち込みを禁止しました。環境面への配慮でＭＹタンブラーを使用していた女

性の議員が注意され、小さい扱いでしたがニュースになりました。

いつの話？２０１９年の初秋です。成田空港のある成田市は、日本と世界を結ぶゲートウェイ。しかも、海が身近な千葉県なのに…。背景にある理由は市民の「ペットボトルに口をつけて飲むのは見栄えがよくない」という声を受けて。紙コップに注いで飲むのが議会のルールだそうです。ＭＹタンブラーも口を直接つけるタイプが多いので、「ペットボトル＋紙コップ」で議員みんな統一…だと。大丈夫か、日本？

話が少しズレましたが百歩譲ってペットボトルの何かを提供する場合、たとえば飲み干した後に持って帰って再利用したくなる「デザイン性のいいものを使いましょう」と私は提案をしています。

たとえば、世界的に人気のサッカーのクラブチーム〈レアル・マドリード〉の公式ミネラルウォーターでもある〈ソラン・デ・カブラス〉（前ページ写真右）。ネットで簡単に探せます。また、再利用を願って、わざわざ格好いいボトルをつくったという〈アクアジャケット〉（前ページ写真左）は、日本の商品。

一度きりで捨てられてしまうプラスチックを「ワンウェイ・プラスチック」といいますが、もしもプラ製品を使わないといけない場合、ワンウェイにならないように考えます。ですから、こういったクールなボトルでドリンクを提供する際は、「どうか持ち帰ってリユースしてください」とアナウンスします。

リユースといえば、そして会社が使うプラスチックといえば、クリアファイル。

あれも実はペットボトルと同じＰＰ（ポリプロピレン）という素材。保存率の高いクリアファイルのアイデアは前述しましたが、あれは自社でつくる場合の話。あちこちの会社からもらった使いまわしのクリアファイルは一体どうするべきでしょう？

捨てたら、それはプラごみとなり罪悪感を抱きます。そこで私はかなり大きめ（縦12センチ、横17センチ）のオリジナルのステッカーをつくっています。

リサイクルマークと、ナチュラル感ある台紙を使いステッカー化。このサイズだと元々

のデザインを大まか隠しつつも、少しは見えるという絶妙な感じに。これを貼ってまわす、貼ってまわす、またまた貼ってまわすという毎日。もちろんプロの印刷屋さんに頼みます。〈アドプリント〉というネット入稿の会社が安価でおすすめです。

　こういった行動を通じ、またクライアント企業との協働により、何とか海を守ろうとしていることが少しでも伝わったら嬉しいです。

　このステッカーにも、また私の行うイベントや、そこで使うユニフォームにも、よくこういうスローガンが書かれています。

「Less Plastic is Fantastic.」

第14章
まとめ

海の豊かさを守ろう

海洋と海洋資源を持続可能な開発に向けて保全し、持続可能な形で利用する

1 すでにやっているなら、それはSDGsです！

◎イベントや来客用にペットボトルで飲料を出さない

その活動を深掘りしたり、SDGsとして行っている宣言を！

2 明日からマネできる中小企業としての活動

◎プラスチック類（特に使い捨て）のものを少なくする

3 こんな職場だと、残念ながら矛盾に映ります

◎会社の梱包材やノベルティにプラスチックを多用

4 社会の課題・活動を知るだけでも一歩前進

◎魚介類を買う際に〈MSC〉等の認証マークを見る動き

! 参加できる社会貢献活動や寄付先のリスト

◎プラスチックバンク

途上国に海洋プラスチック回収の仕事を生む新システム

https://plasticbank.com

◎海と日本プロジェクト

日本財団を中心に海を次世代に引き継ぐあれこれを実施

https://uminohi.jp/

第15章

動物と植物を会社で育て『陸の豊かさも守ろう』

飼うことにも買うことにも意味を考える

世界の陸地の30%は森林です。でも、これは元々あった面積の50%を失っての結果。このままでは100年以内に熱帯雨林が地球上から消えます。

森林は地球における肺のような役目。また水のバランサーでもあります。

それが地上であっても、地下であっても、森林がなくなることで水のバランスは大きく崩れます。


GWの前後は全国どこでも新緑で気持ちいい日本。

一見して自然豊かな国土ですが、一方ミドリを海外から買っている国でもあります。

私たちは**世界一の木材輸入国**。木というカタチではなくても、紙製品という姿で他国の木を買っている側面もありますし、食糧の輸入も影響大。安価な海外の牛肉も元をたどれば、それは森を切り崩してつくった牧場が源です。


そこでSDGsの15番目の項目。

もっと木々を気にする日々、ここから始めましょう。

陸の豊かさに貢献するために、毎日の買い物に気をつける

「Reduce, Reuse, Recycle and Respect.」という言葉を172ページで紹介しましたが、最後に付いている「Respect《リスペクト》」を外し、その代わり最初に「Refuse《リフューズ》（買わない）」という単語を加えたバージョンも環境関連のメディア等では、よく見られます。

「Refuse, Reduce, Reuse and Recycle.」

「買わない、減らす、再利用する、（最終手段として）再資源化」

地球環境のためには結局のところ人類が、なるべくモノを買わないが一番というレッスンを、このフレーズは教えてくれています。でも、明日から何も買わずに生きていけるはずもなく…。環境保全も大事。でも同時に、経済の維持も人類には大事。だから、モノを買うときに、せめて確認したいのは〈FSC〉のラベルの有無です。

海の章で海のエコラベルである〈MSC〉についてお話ししました。今地球に存在する

美味しいサカナの種類を、そのまま未来に引き継ぐためには、こういったラベル付きの商品を個人も企業も選択することが大事ということでした。

その森林版が〈FSC〉です。今日、いつもより念入りに手にしたパッケージ類を見てみてください。最近、すごく日本でも増えたので、このマークが見つかると思います、すぐ。

このロゴが入った商品は森林の環境保全に配慮しているというお墨付きということ。そのお墨付きを与えているのが〈FSC(Forest Stewardship Council(森林管理協議会)〉で、これは日本のみならずグローバルで行われています。要は、こういった認証ロゴが付いた商品を買うことで、森林のサステイナビリティを応援しているということになります。

SDGsの15番目は『陸の豊かさも守ろう』ですが、陸といえば思い浮かぶのが、まず森林。あなたの会社の商品も〈FSC〉のマークを付け、また購入する場合も価格だけではなく〈FSC〉の有無にこだわる。取引先や協力会社への条件として「〈FSC〉が付いていること」を挙げるのも、この分野の熱心な活動家に映ります。

まず「会社・個人の両方で、毎日の買い物に気をつける」ことだと思います。

海のエコラベル
持続可能な漁業で獲られた水産物
MSC認証
www.msc.org/jp
MSC-C-51738
MSC（海洋管理協議会）認証を取得した
持続可能な漁業で獲られた水産物です。
www.msc.org/jp

朝の豆乳習慣をはじめよう。
キッコーマン豆乳ホームページ
k-tounyu.jp
豆乳レシピも満載
ツイッター、インスタグラムもやってます!
FSC
ミックス
ボード
FSC® C014047
押し出す
押して取り出す
FSC
ミックス
ボード
FSC® C014047
この商品の容器は、適切に管理された森林資源を使用しています。
ストロー袋：PP（ポリプロピレン）

『陸の豊かさも守ろう』は漠然!? ならば、あなたの名前に沿って

都心部に住んで仕事が中心の生活をしている人には、陸の豊かさなんて考える余裕や機会はない!?

そうですね、遠くを見渡せる場所もないから夕陽が沈む瞬間なんて滅多に拝めず、食べもので四季を感じることも少なく、リンゴもトマトも1年中売っているのが当たり前。正直、都会育ちは野菜や果物のシーズンを、はっきりとはいえないと思います。

私も、残念ながらすべて当てはまるのですが、ちょっと違った感覚を持った時期もありました。

それは東京から山形の小さなまちに住民票を移し、その町民となって数年間、その町自体のブランディングを行った期間です。

自治体からの招へいなので、町役場に私の仕事場を設け、町内の自然に囲まれたダウンタウンに住居も構え、という生活だったのですが、いやはや素敵なライフスタイルでした。

季節のものを採れたてで食べては、地球という星の陸に住んでいることを実感。大きな夕陽を目にするのは毎日のこと。これまた陸の豊かさに感動できる瞬間《とき》でした。

山形県・朝日町。駅もひとつもない、人口７５００人（当時）の小さな山の中にあるまちで、これまでの生涯で唯一私が東京都以外で住民票を移した、第二の故郷です。

その期間に行った私の仕事は多岐にわたり、道の駅のプロデュースや農家さんの支援、またまちにある小中学校で教えたり、その修学旅行をプランしたりということも行いました。

子どもたちには、この陸の豊かさをギュッと凝縮した朝日町の自然を守るために、こう考えてほしいと伝えていました。


日本人の氏名には多くの場合、どこかに自然に関する漢字が含まれています。

「山」「木」「林」「森」「川」「谷」「竹」「原」「野」「田」等々…直接的でなくても想像力豊かに、「尾」なら動物という風に考えてみてください。いかに日本が昔から自然と共生してきたか、いかに日本の自然が表情豊かであるかが分かります。

「だから、自分の名前の中にある漢字にまつわる自然を、特に重点的に守ろう！」

これが私が朝日町の子どもたちに伝えたことです。

そして、これがあなたのＳＤＧｓアクションとして、本章で提案したいことです。

あなたの社名が漢字表記で、何か自然に関するものがあるなら、それに沿った貢献を。

また、これを「おもしろい！」と感じてくださるなら、社員一人ひとりに「名前にまつわる環境保全を地域内で行おう」と、あなたの会社がある土地で行ってくださったら、とても嬉しいです。

もしも名前が〈竹田工務店〉なら、地域の竹林を残す運動を行ったり、どこかの棚田をサポートしたり…。個人戦でいくなら、鳥山さんは「鳥の巣箱を年間20個つくるプロジェクト」を地域で行うなんていいかもしれません。

私は「名は体を表す」という言葉が好きです。

ブランド戦略の専門家なので、名前（社名・屋号）の通りにやる会社が好きなのです。

あなたの地域にいる動物や鳥へのサポートが陸を豊かに

『陸の豊かさも守ろう』も、日本の中小企業ならば地元の自然への貢献がいいと思い、ここまで話を進めてきました。

アマゾン（南米）への貢献も、砂漠化を食い止めるために動くのも大賛成ですが、地元にも自然がらみの問題は山積み。そして、これには鳥や動物、昆虫も含まれます。

あなたの会社が根差す土地には、もしかしたらその地域ならではの動物、もしくはその地域が大事にしていこうと、そもそも保護の強化をしている鳥や昆虫などが存在している可能性は高いです。山梨県ならヤマネ、新潟県ならトキ、沖縄県ならイリオモテヤマネコ。ぜひ、あなたのエリアの、そんな動物・鳥・昆虫を、一度調べてみてください。

その生き物のサポートが寄付なのか、汗をかいてする支援活動なのかは調べてみないと分かりませんが、一度決めたら会社として印刷物やウェブでの発信。そこに、その動物・鳥・昆虫のロゴやシルエットを含めると、地域の共感や、サポーターの増加につながるかもしれません。

動物の話になったので、こんな提案もさせてください。

人手不足の今、まずは先に動物を社員として雇うのもおすすめです。

朝日町で達成できなかった私の夢は「ヤギを飼うこと」でした。その悔しさから、私は時折クライアント企業に、ヤギを飼う（社員として雇う）ことを検討してもらっています。社員には癒やしになり、地域の子どもたちにとっての人気企業になります。「紙を食べさせてペーパーレスに…」と思うかもしれませんが、紙にはケミカルが使用されていることもあるので食べさせるのは毒をもるようなもの。キケンです。でも、雑草は食べます。だから派遣するんです、あなたの会社のヤギ社員を！

うちの会社
社員みんなで
ウマ、飼ってます
ANIMAL
FRIENDLY
COMPANY
COMMUNITY HORSE JAPAN PROUD MEMBER & OWNER

地域で必要とされるところに颯爽と出向いて雑草を食べる。

これをヤギがＳＤＧｓバッジをつけて行えば、陸を豊かにするお手伝いに一歩前進です。

地域のみんなにとってのヤギになったら、これは陸だけではなく、そのエリアの生活を豊かに、そして平和にすると思うのです。

陸の豊かさに貢献する前に、陸が豊かであることを感じること・感じさせることも大切です。そのためには、動物と触れ合うこと。これもひとつだと私は考えています。

そこで私が今推し進めているのが「コミュニティ・ホース」という概念です。

これは地域で一頭のウマを飼うという、そのまんまのことなのですが、まちの人は誰でも触れ合うことが可能。かわりばんこでエサやブラッシングなどウマのお世話をしながら、地域で一頭のウマを所有するという考え方です。

地域にいる引きこもりの人たちも、これがあると出掛けるところができます。おじいちゃん・おばあちゃんも動物と触れ合うという一日の楽しみができます。子どもたちは動物の命を守る大切さを学びます。そして、地域にある企業も、この地域のウマを大いに活用できます。ウマのお世話をするのはセラピーのよう。福利厚生の癒やし面が、これで満たされます。またグローバル企業は幹部のリーダーシップ研修をウマを使って行うことがあります。そう、コミュニティ・ホースは社員研修にも活用できるのです。

ですから、ここは思い切って、あなたの会社の敷地内でウマを飼う!?

いや、冗談ではなく、できればそうしてほしいです。

もしも無理なら共同所有。〝あなたの地域〟ではないかもしれませんが、中小企業が共同所有できるウマのオーナーシップ制度を私は友人と始めています。

中小企業が地域のグリーンキーパーの役目を果たすこと

49ページで紹介した、自由にもいで食べていい果実の樹を沿道に植えた〈電巧社〉の試みも、この『陸の豊かさを守ろう』に通じるところがあります。そう、SDGsってゴールと行動がかぶるのです。この15章では、もう少しそこに角度を変えたアイデアをいくつか加えていきます。


まずは〝ホップ〟。ホップ・ステップ・ジャンプと、このあと話を進めていきますが、その最初のアイデアです。で、本当にそれが「ホップ」なんです。

ホップは、ご存じのようにビールの原材料で、グリーンの壁のように育つツル性の植物です。小さな松ぼっくりのような球花が実際にビールに使われる部分で、それがビールの香りや苦み、そして泡持ちの良さをもたらします。日本では東北より北が栽培に向いているので、これは寒い地域の会社におすすめです。

グリーンのカーテンになるので地域に視覚的な『陸の豊かさ』を提供できるし、社屋の壁面で育てれば夏のエアコン電力の低減にも役立てることができるかもしれません。

実際ホップ栽培は、〈山陰合同銀行〉の約10支店の壁を使って行っています。

次に〝ステップ〟として会社で育てることをおすすめしたい植物はモミの木です。放っておくと45メートルくらいまで育ってしまう木ですが、意外にも鉢でもOK。日本でも本州から南の方で自生しています。いっぱい育てて社員への福利厚生として、地域への還元として、毎年Xマスの時期にプレゼントにしたら話題にもなるし、陸の豊かさについて考える機会にもなります。

最後に〝ジャンプ〟として紹介したいのはアーモンドの木。

日本を代表する花といえばサクラですが、それと似た色の花を咲かせ、とても美しいです。その開花の時期もソメイヨシノと同じか、ちょっとズレるかという感じ。あなたの会社が地域に植えれば、住民の方々にとっての視覚的エンタメになります。お花見をアーモンドの木の下でやるなんてオツ。もちろん実を収穫したら、それもまた会社のオリジナルのチョコレートに！

湿度が苦手な植物なので日本には不向きではあるのですが、最近はアーモンドを育てる農家さんも増えてきています。実際のアーモンドの収穫には4年かかるといわれ、4メートルくらいの大木にもなります。

「半農半X（エックス）」という生き方があります。「半分は農家として、半分はその他の職業を持って」という生き方ですが、アーモンド級になると、もうその域。

いずれにせよ、私は地域のグリーンキーパーの役目としての中小企業を考えていただきたいなと思い、このパートを書きました。

沿道の花壇を区切って、それらをエリア内の企業が管理するという仕組みは全国に広がりつつあり、それもきれいな花を咲かせ、道ゆく人を楽しませています。

でも、地方の中小なら、もっとできると思うのです。会社の敷地内でもグリーンを増やすことはできますし、持っているけど利用していない土地を使うことも可能だと思います。

『陸の豊かさも守ろう』は、まず自分の敷地を豊かにしようということでもあります。

第15章
まとめ

陸の豊かさも守ろう

陸上生態系の保護、回復および持続可能な利用の推進、森林の持続可能な管理、砂漠化への対処、土地劣化の阻止および逆転、ならびに生物多様性損失の阻止を図る

1 すでにやっているなら、それはSDGsです！

◎〈FSC認証〉を付けての販売、見ての購買という行動

その活動を深掘りしたり、SDGsとして行っている宣言を！

2 明日からマネできる中小企業としての活動

◎地域特有の動物・植物・昆虫などの生き物をサポート

3 こんな職場だと、残念ながら矛盾に映ります

◎職場にグリーンが少ない。会社としての緑の管理が雑!

4 社会の課題・活動を知るだけでも一歩前進

◎1分間にサッカー場27面分の森林が消えている

! 参加できる社会貢献活動や寄付先のリスト

◎Present Tree（プレゼントツリー）

誰かへ“植樹”というプレゼントを贈ることができるサービス

https://presenttree.jp/

◎IUCNレッドリスト

絶滅危惧種をリストし続ける機関。特に守るべき生き物がわかる

https://www.iucnredlist.org/ja

第16章

『平和と公正』を道路と会議室にいる人にも

中小企業の活動範囲にラブ&ピースを

SDGsの16番目は『平和と公正を すべての人に』 です。


世界平和と共に、私が懸念していることは**日本の社会のピースキーピング**。

都内の電車も乗客同士のトラブルで止まることが増えました。駅員の方も手をあげられることが多いのか、駅構内のポスターには『人をぶっちゃダメなんだよ。』とか、『よっぱらったら、何してもいいの?』

というコピーが増え、彼らの日々の仕事が警官寄りになってきたことが窺い知れます。

病院もモンスター患者の増加に戦々恐々。やはり院内には、それ対策のポスターが増えましたし、不動産関係者からもモンスター入居者に困っている大家さんたちもいると聞きます。


だから、中小企業は身近なところから平和と公正への貢献を。この章で一緒に見ていきましょう。

失われつつある「日本の路上の平和」を取り戻そう

日本が失いつつあるもののひとつに、公共の場の平和があります。

私自身、公共の場でのケンカ等を収めるのは趣味みたいなもので、昔からよく行っていたのですが、その頻度はここにきて加速中。この本の執筆中にも有楽町の駅構内で大変な一件がありました。姉はよく私に、「その行為で、いつか命を落とすかもよ」といいます。

そんな中で、私が特に懸念しているのは「路上での平和」です。

世界の道路に比べ、これまでの日本のそれは平和そのもの。

これが海外ならキレイなルックスで品のある女性も窓あけ、指を立て、罵詈雑言…。特に意味なくクラクション…。特にニューヨークの中心部なんて凄まじいイライラ度です。インドではドライバーが信号待ちをしているときに、無意味にクラクションを鳴らしたら、それを信号機が感知。赤信号の時間が罰として長くなるというテクノロジーを発表しましたが、それが世界の路上の現状をよく表しています。

しかし、日本も今は他の国のことはいえません。大した問題じゃないのに、ムカつくという理由だけで執拗に追いまわし、それが高速道路上であろうが相手のクルマを停めさせるトラブルメーカーが全国のあちこちに。

誰が日本の路上を、こんな風にしたのか？　何が日本の道から平和を奪っているのか？　まだ今は、このまま悪い方に向かうのか、それともここから元の日本の道に引き返すのか、ちょうど分岐点のような時期にあると思います。

日本の中小企業は何かしらのカタチでクルマを仕事で使うところが多いです。物流、送迎、社用車による営業…。社員が路上にいる時間が長いからこそ、私は中小企業こそが日本の路上に平和を取り戻す〝ピースメイカー〟になり得ると考えています。

ずばり、ここで提案したいのは「あおり運転の撲滅への貢献」です。これをＳＤＧｓのアクションとし、16番目のゴールへ歩み始めた中小企業の事例を紹介します。

青いオランウータンが路上で「あおらない。あおらせない」

しかし、単に『あおり運転、ダメ絶対！』みたいなポスターを社内に貼る以上のことにトライしたいです。

一般平均よりもイライラしている人に対して「ダメ絶対!」とスローガンでいっても、その言葉に煽《あお》られ、「うるせぇ!」と、さらに激高するかも…。

私はマジメなスローガンで攻めるより、逆に「プッ」と小さく笑える、くだらない何かを路上にもっと増やすというアプローチでいきたいなと考えています。

私の知る限りでは、お笑いが嫌いな人っていないです。だから、ここは「もっと路上に笑いを」です。

こみ上げる煽る側の怒りがフッと消えたり、煽られる側も含めた双方でプッと笑いを共有できたら、少しは道路上のトラブルは減るのかなというのが私の狙いと願いです。

それを私は〈あおらんウータン〉に託しています。マグネット版と、ステッカー版がありますが、両方併せて「バンパーステッカー」といいます。

アメリカでは支持政党や、自分の趣味に関するものなどを、バンパーで主張する人は実に多いです。また、バンパーはジョークを伝える場所という共通認識もあるので、バンパーステッカーは半数以上が面白い系です。

ボロボロなクルマに『俺のもう一台の自家用車はフェラーリだ』なんて書いてあるものはよく目撃しますし、そのポルシェなどのバージョン違いもいっぱいあります（カー用品店やガソリンスタンドで売っています）。

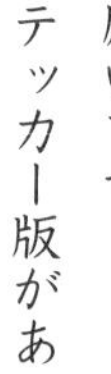

切り絵風にデザインされた青いオランウータンは、クルマのバンパーに貼るステッカーとして全国で配られています

話を戻して〈あおらんウータン〉。これを私はクライアント企業の社用車や、プライベートのクルマなどに貼ってもらい、もちろん自分も煽《あお》らないし、後ろにも煽らせないという強い意志を笑いとゆるさを同時に大事にしながら路上に広げています。

各地で配ったり、販売したりしているのは、そのほとんどが私の契約クライアント企業。静岡なら浜松のベアリング商社〈サカエ〉や、岡山なら裸祭りで有名な〈西大寺〉も配布してくれています。

特に群馬では局地的にメディアでの露出や拡散が多いのですが、それはガソリンスタンドを展開する〈赤尾商事〉が熱心に取り組んでくださっているからです。〈赤尾商事〉の社長の赤尾佳子さんのお仲間である〈昭和電気鋳鋼〉や〈藤田ソリューションパートナーズ〉も、同様に群馬でたくさん広げてくださっています。

これからもプロジェクトとしての〈あおらんウータン〉は、笑えるバンパーステッカーの種類を増やしたり、あおり運転を考えるユニークなシンポジウム等を開催したりしていく予定です。これが私がＳＤＧｓの16番目のゴールの達成に近づくために行っている、ひとつのアクションであり、平和を取り戻すためのソリューションです。

「ですから、あなたも〈あおらんウータン〉のステッカーを貼ってください」という話ではありません。

あなたの会社も、ぜひオリジナルで何かを起ち上げるでもいいですし、他のＮＰＯ等がやっているあおり運転撲滅のためのアクションに乗るでも構いません。

最終的に、日本の道路にラブ＆ピースをもたらせれば何でもいい。

ポイントは「中小企業が平和を祈るときは、どうか日本の道路の平和のことも含めて」ということ。その際には、社員の安心のためにも、先に全車にドライブレコーダーも忘れずに！

また、まさか社用車で煽りの加害者になる社員がいるとは思いませんが、プライベート時も含めて、社員みんなが平和な運転をするように、研修の強化もアイデアですね。

青の次はピンクを身にまとって、職場のいじめに対峙する

あおり運転は見方次第では「路上のいじめ」。

そして、いじめについて考える・対峙するのもまた、私から見ると平和への貢献です。

青いオランウータンの話題の次は、色つながりでピンクのトピックでいきましょう。

〈ピンクシャツDAY〉という日を、ここにご紹介します。

これは世界的な〝いじめについて考える日〟で、日本には数年ほど前に本格的に上陸。私もそれを中小企業に広げる協力を上陸以来させていただいています。

私も経験がありますが、カナダやアメリカは男性がピンクの服を着ていることに、ちょっとうるさいです。「ゲイだな」「ピンクかよ」と、いじられます。

発端はカナダの中学校。ピンクのシャツを着て登校した男の子が、案の定その日はいじめっ子グループにいじられまくり。散々な日を過ごしたそうです。それを見た他のグループ。偉かったのは機転を利かし、単に「いじめはやめろ！」と止める以上のことをしました。いじめっ子グループ以外の全校生徒にSNSで連絡し、ピンクの衣類や身にまとうものを用意。翌日のキャンパスをピンク一色に染めました。そうしていないのは、いじめっ子グループだけ。これには黙りこくるしかありません。

以来、このキャンパスではいじめがなくなり、ずっと平和が維持されているとのこと。

これが起きたのが2月の最終水曜日。ここから〈ピンクシャツDAY〉として世界に広がり、オフィスでも、学校でも、この日は老若男女みんなピンクで生活し、同時にいじめについてあらためて考える時間を取ります。

OPEN
10:00～17:00

PINK
SHIRT DAY
STOP!
BULLY

これを私は全国の契約クライアント企業に実施してもらっています。

各社毎年いい意味でエスカレートし、オリジナルのピンクのウェアをつくるなんて当たり前。各地域でハブ役となって、この活動を広げてくださっています。

シャツといっても、実際は身に着けるものなら何でもＯＫ。その日どこかに〝ピンク〟があれば、それで立派な〈ピンクシャツＤＡＹ〉への参加になります。

ぜひ、あなたの会社も次にやってくる２月の最終水曜日に丸を付け、これをＳＤＧｓへの取り組みアイデアとして行う検討をしてみてください。

最も効率がいい経営戦略は「平和にやっていくこと」

全国の会社に出入りする私は、企業内の内戦のようなものを感じるときがあります。製造と開発、開発と販売…、同じ会社なのに部門によって言い分があり、本来は一丸となってお客さまの方を向いて仕事をしないといけないのに、そのエネルギーが社内の戦いに費やされている、そんな内戦状態の職場は残念ながら決して少なくないなと思います。

内戦は最悪です。その不毛な戦いをしている間に、ライバルはどんどん先に進み、その差はこのスピーディな時代において、取り返しがつかないことになり得ます。

私が〈ホンダ〉に勤めていたころ、任せられていた担当地域は本当の内戦が多い中東地域でした。内戦している間に周囲の国々はやはり成長していくもの。要は「無駄に内輪でドンパチせず、みんなで同じ方向を見ながら歩む」が、いかに国や組織にとって大事かという話です。

平和と公正の章の最後に伝えたいアイデア…、それは「社内の内戦を止める」です。最も効率がいい戦略は「平和にやっていくこと」なんです。

今の日本の中小企業で危機的じゃないところなんてありません。人員の維持、市場の縮小、事業の承継、ＡＩの台頭。内戦しているヒマはないのです。でも、どうやって内戦を止めれば？　ひとつはエンドユーザーを感じるポスターを社内にいっぱい貼ることです。

私なら会議室に、あなたの会社の商品・サービスを利用するエンドユーザーの姿と、そこにできれば社員に向けたあたたかなメッセージも添えて、洗練されたデザインのポスターをつくります。同じフォーマットで、なるべく多くの種類を、それぞれ異なるユーザーの写真でつくります。

大きなサイズで迫力あるものにするといいでしょう。最終形は額装するでも、パネル化するでも構いませんが、これらを社内の会議室すべてに貼れたら最高です。

会議中に部門間で対立したら誰かがポスターを指さし、こういってほしいです。

「ほらほら、我々はこういったお客さまのために仕事をしているんでしょ!? 一緒にお客さまの方を向いて、足並み揃えよう」

対立で生まれた社内の空気が、これだけで一掃できるかは分かりません。でも、ひとついえるのは、どこの会社も会議室とエンドユーザーの距離は意外と遠いということ。

内戦のようなものが起きたり、どこを向いて社員が仕事をしているのか不明確な会社には、共通してお客さまの存在を忘れやすい職場環境があると、私は常日頃思っています。だから、それを忘れないための、ちょっとした工夫。それが、このエンドユーザーの姿のポスター。かっこよくデザインし、インテリアとして機能するくらいのものを、ＳＤＧｓのロゴも入れた形で揃えると、きっと来客にもいいインパクトを残せます。実際、これは私が勤め人のときに、新入社員ながらはじめたこと。今もコンサルタントとして、同じことを全国の企業におすすめしています。

人類の歴史は、振り返ればそのほとんどが戦いの歴史。しかし、いつの時代も個々の声を拾えば、平和を望んでいたことが分かります。ということは、人として、会社として、平和を追い求めたり、そこへ向けての貢献をしたり、またその維持に努めたりという行為は、極めて生きている意味を全うしているということなのかもしれません。

それを小さな単位ですが、明日から会社の中で行う。これも立派なＳＤＧｓです。

厨房と接客のスタッフを一丸に。
顧客の喜びの声をポスター化してシェア

第16章
まとめ

平和と公正をすべての人に

持続可能な開発に向けて平和で包摂的な社会を推進し、すべての人に司法へのアクセスを提供するとともに、あらゆるレベルにおいて効果的で責任ある包摂的な制度を構築する

1 すでにやっているなら、それはSDGsです！

◎お客さまからの喜びの声を職場や協力会社で共有

その活動を深掘りしたり、SDGsとして行っている宣言を！

2 明日からマネできる中小企業としての活動

◎あおり運転をしない・させないを社用車で路上に啓もう

3 こんな職場だと、残念ながら矛盾に映ります

◎部署間・事業部間が仲が悪く、内戦的な雰囲気の職場

4 社会の課題・活動を知るだけでも一歩前進

◎社会全体でいじめを考える〈ピンクシャツDAY〉の広がり

! 参加できる社会貢献活動や寄付先のリスト

◎ピンクシャツDAY

カナダから始まったいい話。世界の中小企業も続々実施

https://pink-shirt-day.com/

◎ビッグイシュー日本

ホームレスの方が街角で雑誌販売。平和で公正なチャンス

https://www.bigissue.jp/

第17章

誰とでも平等に接し『パートナーシップで目標達成』を

「パートナーシップ」は「フレンドシップ」と考える

SDGsの最後は『パートナーシップで目標を達成しよう』です。

目標の達成は行動ありきの話。

SDGsを理解するのも大事ですが、それだけでは物理的にはゴールに近づけません。

そして、SDGsは**2030年という提出期限付きの宿題**。

悠長にプランしている時間もありません。


だから、ここはパートナーシップです。SDGsという目標達成を共に目指す他の企業やNGO/NPO、地域の住民や学生と旅路の中で出逢えたら、パワーとスピードのアップのために、ここはタッグを組んでいきましょう。


気をつけたいのは**上下関係を持ち込まない**こと。

誰とでも平等に接する姿勢があるといいです。

「偉そう、傲慢」とパートナー側に思われたら社会貢献活動が台無し。あなたの会社のイメージダウンにつながります。

パートナーシップはフレンドシップです。

行動なきところに幸せなし。正しい行動をするのに時を選ぶ必要なし

いよいよ、最後の章になりました。ここまでの長いお付き合い、本当にありがとうございました。

このパートの見出しは、ふたつの偉人の名言から成っています。

『行動は必ずしも幸福をもたらすものではない。しかし、行動のないところに幸福はない』といったのは、英国の政治家であり小説家でもあったベンジャミン・ディズレーリです。そして、もう半分は牧師であり、アフリカ系アメリカ人の公民権運動の指導者であるマーティン・ルーサー・キング・ジュニアの言葉。『正しいことをするのに、時を選ぶ必要はない』から取っています。

私の願いは、とにかくアクション。もうすぐ、この本も終わります。本を置いたら、即動く。一日も早く、17項目のどこに貢献するかを定めて行動です。もしも、すでに行っている社会貢献があるのなら、それをSDGs寄りにしていくことです。

ここは7割発進でオーライです。特にマジメな社風の日本の中小企業は最初の一歩に極めて慎重。話し合いを重ね、プランと検証、そして承認を経てアクションをします。私は

コンサル先でも「走りながら考える」を大事にし、とにかくスピード重視ですが、どうにもこうにもこれは日本の企業が苦手なスタイル…。「ついていけないのでスローダウンを」といわれることが多々あります。でも、それでは遅いです。困っている誰かに手を差し伸べるのは、早ければ早いほどいいに決まっています。気候変動に今日着手しなければ、またこの夏も被害にあう人がきっと出てきます。

この項の最後も名言で終わりましょう。

アメリカのコメディアンであり女優でもあるエイミー・ポーラーの言葉です。

『自分を変えることで世界を変えよう』

私が大好きな言葉ですが、ここではこれにカスタムを加えたいです。

自分の行動のスピードを変えることで世界を変えよう、と。

パートナーシップのために「誰とでも平等に接する」というルール

私が好きな経営者は英国の〈ヴァージングループ〉の創業者であるリチャード・ブランソンです。いかにも人懐っこい雰囲気でロックスターのようでもある、あのスタイルは、学生のころからの私の憧れでした。実際、その行動もカジュアルで、握手を求めてきたのが学生であっても、わざわざ自分も手袋を取り握手するそうです。

私の高校の同級生で海外セレブと近い距離で仕事をする内野太平くんによると、ハリウッドでいちばんナイスガイだなと思うのはジョニー・デップだそうです。どんなに人がいっぱいいようと丁寧にゆっくりサインをし、その一人ひとりに「やあ、僕はジョニーだよ」と自己紹介をいちいちするそうです（誰だって知っているのに）。

そんな話の流れから、私もいつからか自分に課した立ち居振る舞いのルールの中に『誰とでも平等に接すること。今できる最高のマナーで』というものを加えました。

仕事上、いわゆる偉い人（？）とも会いますが、同時に私は学生や若手社員との交流も多いです。でも、できる限り同じ姿勢・態度・話し方で接します。

そうすることでのメリットはいろいろありますが、ひとつは「今度一緒に○○をしましょう」と楽しい企画やプロジェクトの話を持ってきてくれることです。

こうして、たとえば高校生と共にした地域おこしの企画やイベントなどは数知れず。それらは私の経験値を向上させてくれたし、より幅広い社会との接点を与えてくれました。

ＳＤＧｓの17番目のゴールには、『パートナーシップで目標を達成しよう』とあります。

ＳＤＧｓという壮大な宿題をスピーディに２０３０年までにこなすには、あなたの会社や組織、はたまた個人の単独アクションではなく、他団体やプロジェクトと行動を共にするという発想が大事です。そのときは「一緒にやりましょう！」という声が、かかりやすい自分をつくった方がいいと思います。

そこで提案したいのが、誰とでも平等に接するというスピリットです。

私は外国人留学生のサポートを行うことも多いですが、彼らからよく聞くのは「日本の企業には門前払いされることが多い。何かを一緒にしたいと提案しても、紹介もないのに来るなという雰囲気で感じ悪い」という話です。

でも、これ心当たりあります。外国人留学生だけに対してではなく、日本の企業は知らない相手に警戒心が強いです。また自分よりサイズが小さな組織に対しての接し方が厳しいです。

対して、海外はというとサイズ問わずで、企業間の付き合いがカジュアルです。

何がいいたいのか？　このＳＤＧｓの17項目めをきっかけに、どうか地域の学生やＮＰＯ・ＮＧＯ、より小さな会社との付き合いを、上下関係なく活性化していただきたいなという話です。

そして、これは普段からの行動・言動も連動しているのが美しいです。

私が知る会社のいくつかに、お客さまが来客した際にはお茶を出すけど、協力会社が来たときには打ち合わせや会議時にドリンクを提供しないというルールの会社があります。「なぜ？」と聞くと、「業者だから」と。緊張感を保ち、いい仕事をしてもらいたいから、と。いや、どこからくるの、その上から目線!? いい方にしても、最低でも「業者さん」。ベターにいくなら「協力会社さん」や「パートナー」です。

SDGsのバッジをつけるなら、ここはパートナーシップに関するルールの見直しです。

私は、そこに出入りする宅配便の会社さんも含めることをおすすめします。

宅配便のスタッフたちもまた、あなたのパートナーです。そんな方々に、あなたの会社のスタッフがどう接するかは、会社のカルチャーが色濃く出るところ。実際、私は宅配便サイドからも意見を聞くことがありますが、本当にいい会社と、そうじゃない会社の差が激しいと、みんな口を揃えます。宅配便スタッフは、そこが本当に日本で大切にしたい会社か否かを判断できる、いい評価者なのです。

　できることなら、時間指定しなくてもいいものはしない、です。それだけでもパートナーである宅配の会社のスタッフの負担の軽減になったりします。

今結んでいるパートナーシップ、これから組むパートナーシップ、互いに付き合ってい

て気持ちがいい関係をつくっていけるようにと考えるのも、この17項目のアクションです。2030年に一緒に喜びを分かち合う仲間ですから、もっともっと大事にしていきたいですね。

あなたの会社のフェアトレード？　遠い国の話とは限らない！

執筆期間中に、どれだけのコーヒーを飲んだか分かりません。恐ろしい量になると思います…。今、この瞬間に口にしているものを見ると、そこには「フェアトレード」のマークが入っています。

ご存じのように、それは原材料から焙煎の過程まで、このコーヒーの製造に関わる人たちには賃金を正当に支払い、決して搾取はしていませんという証です。チョコレートなどのパッケージにも見られるロゴで、その場合はカカオを採る現地の人たちとフェアに取引していますということ。

もちろんSDGsに取り組む会社なら、会社で使うコーヒーやチョコレートも、コスト高になるかもしれませんが、パートナーシップや公正という観点からフェアトレードのロゴが入った商品を選択することをおすすめします。

でも、それ以外にも考えていただきたいこと。それは〝あなたの会社のフェアトレード〟です。支払いを受けるときは、フェアにもらっていますかということも、ここで一度立ち止まって考えてほしいのです。

私は、ずっと前から中小企業の味方として仕事をしています。

「フェアトレードという考えは原材料の産地である遠い国の話のことだけではなく、日本国内の企業間の取引にもあるべきだ」と考え、写真のようなロゴを広げています。

特にＢｔｏＢの会社は交渉で買い叩かれる立場。より大きな会社に価格でいじめられないようにと、このロゴを印刷物やホームページにドーンと出してもらっています。

当然、それをやるなら支払う立場のときにはフェアに支払わないといけません。でも、この循環で日本の各中小企業が、ちゃんと利益が取れることを願って行っていることです。

ＢｔｏＣの場合でも、私がつくったこのロゴをタグにして商品に付け、店頭でお客さまに価格への理解を求めるケースが見られます。

写真は和尚さんのためのカジュアル服ブランドである〈bon.〉。

サイトはこちら！

https://www.bon-web.jp/

広島県福山市の染料商社がはじめた新規ビジネスですが、国内と地場の産業を守るという背景もあるので、そこそこモノは高額になります。しかし、お客さまがタグを見れば、それも頷けます。「そうか、関わる人にフェアに支払うと、こうなるのか」と。

本業自体が社会貢献的で、それがそのままＳＤＧｓアクションになる会社は別ですが、そうではない会社なら本業と同時進行でＳＤＧｓへの取り組みをしないといけません。そのためには現実の話として、会社に経済的な余裕もないといけません。

遠い国のフェアトレードも大事。また国内の企業間取引にもフェアトレードが必要。

起業して10年後も生き残る会社のパーセンテージは、聞いたことがあると思います。様々な統計があるのですが、いちばんショッキングなのは「10年後に生き残っているのは６％」というもの。よーいドンで今日１００人が独立・起業しても、起ち上げた会社を10年後に継続できているのは、わずかに６人ということです。一方、起業家の生存率は「10年後＝30％」という数字もあったりします。成功し続けるのは大変ということです。

この生き残っている数のうち、さらに〝黒字の会社〟を調べたら、おそらく半分もないでしょう。社会貢献やパートナーシップ、目標達成や平和といっても、それは会社が潰れてしまっては元も子もないこと。負の連鎖がそこから生まれたら、雇用にも影響します。

ずっと前につくったロゴと概念ですが、また全国の中小企業に広げていきたいと思います。

SDGsの18番目のゴールを、もしもあなたがつくるなら？

これが本書の最後のメッセージになります。

手に取ってくださり、ここまで読んでくださり、本当にありがとうございました。

これは私が高校で授業を行うときも、また教育関係でメディアからインタビューを受けるときも、よく伝えることなのですが、「今の学生は将来のために、何を勉強したらいいですか？」という質問への回答です。

きっと英語とか中国語とか、プログラミングという答えを期待されているのだと思いますが、私は「特に学科でコレというものはありません。でも、学生のうちから社会にある問題、つまり社会課題に詳しいことは大事だと思います」とお話しします。

世界が今抱えている問題に詳しくなり、また特に自分の興味・関心が高い社会課題を絞ることができれば、学生ならそっちの方向から進路や職を決めやすくなります。

そのフォーカスした社会課題に常にアンテナを立てて生活をしたり、またその分野の活動に顔を出してみたりを若いうちから始めれば、そうしていない同世代に比べて、また全く異なるキャリアや出逢いを経験できる人生になると思います。

私の場合は高校生のころに聞いていた音楽を通じて、社会課題や時事問題を知りました。

本書にも登場したアイルランド出身で世界の政治トップたちも一目置く〈U2〉や、アメリカの哲学バンド〈R.E.M〉が先生でした。こういったアーティストの楽曲からの興味、リサーチ、そして社会貢献活動というのが、私のバックグラウンド。この影響は大きく、大学での専攻が政治学・国際関係であるのも、この流れからです。

　こんなことも経験談として話すのですが、同時に質問を投げかけることも…。

　それは「もしも勝手にＳＤＧｓの18番目のゴールをつくっていいとしたら、どうする？」というもの。さて、あなたならどうしますか？

　私ならば、『２０３０年まで活動を継続するルールをつくろう』にします。先ほどのフェアトレードも、そこに関係します。いいパートナーシップの構築も、この一環です。

　ちょっと前までビジネスの世界では「ＣＳＲ」という言葉が流行っていました。「Corporate Social Responsibility（企業の社会的責任）」ということで、この時期にやはり社会貢献活動をスタートし、その報告を冊子等で行う「ＣＳＲレポート」をつくり始めた会社は多いです。

　その後には「ＥＳＧ」です。「Environment（環境）」「Social（社会）」「Governance（企業の運営）」の頭文字で成る言葉で、ＥＳＧ投資関連の書籍がたくさん書店に並びました。

その前には「LOHAS（Lifestyles of Health and Sustainability）」という言葉もあり、「ロハス経営」を掲げる企業もありました。

そして今は猫も杓子もSDGsです。他の言葉に比べると勢いと広がりは今回だいぶありますし、何より待ったなしの時代背景も手伝い、みな自分事として捉えています。また自治体・大中小企業・NPO・NGO・教育機関や個人・学生などが、この時点でも巻き込まれての大きなうねりになっているので、とてもポジティブなものを感じます。

私は、これがまたブームで終わってしまうのが怖いのです。

あくまで2030年は国連が定める期限であって、そのあともずっとこの17項目は誰もが意識していかないといけないこと。単なる流行りでもなければ、表面的なイメージづくりの道具でもないのがSDGsです。

だから、私は18番目のゴールに『活動自体を持続すること』を加えます。

SDGsという世界に課せられたみんなの宿題。

2030年に答え合わせをするのが今から楽しみです。

第 17 章
まとめ

パートナーシップで目標を達成しよう

持続可能な開発に向けて実施手段を強化し、グローバル・パートナーシップを活性化する

1 すでにやっているなら、それはSDGsです！

◎NPOや学生団体とも付き合いがあり、すでに活動を共に

その活動を深掘りしたり、SDGsとして行っている宣言を！

2 明日からマネできる中小企業としての活動

◎フェアトレードの精神を持ち買い叩かない。パートナーを大事に

3 こんな職場だと、残念ながら矛盾に映ります

◎協力会社を“業者”と呼び、接し方が横柄。上下関係あり

4 社会の課題・活動を知るだけでも一歩前進

◎日本の会社は決断・行動のスピードが遅いと世界が認識

! 参加できる社会貢献活動や寄付先のリスト

◎アクアウォッチ・エイジア

パートナーシップで成るカンボジアでの水難事故防止プロジェクト

https://osakaymca.or.jp/volunteer/support-project/aqua-watch-asia-project.html

◎カナリアップ

パートナーシップから始まった香害認知度 UP プロジェクト

https://support-canaria.com/

おわりに

最後に、誰ひとり取り残すことなく、ここに感謝を

世界を旅しながら仕事をしていると分かります。

それは日本という国の存在自体が、この地球上で小さくなってきているという事実です。

日本に生まれ、これからも日本人として生きていく自分として、正直これは悔しいです。

一方、世界を飛びまわる中でポジティブなことも感じます。

それはどこよりもＳＤＧｓバッジを身につける企業が多い国は日本であるということ。

私の関心は常に日本の「国としてのブランディング」にあります。

ＳＤＧｓという世界共通の宿題に日本企業が取り組み、その達成に貢献することは、日本という国の存在感を高めることにつながる。私は、そう考えています。

そのためには理解のみならず、アクションのためのＳＤＧｓ本があるといい。

遠いグローバルなＳＤＧｓではなく、もっと身近なローカルＳＤＧｓに関する本がいい。そんな背景から私はペンを執りました。この書籍がひとつのきっかけとなり、ＳＤＧｓに取り組む日本の中小企業が、さらに増えることを強く強く願っています。

最後に、誰ひとり取り残すことなく、ここに感謝を。

編集担当の手島智子さんと、ライターの箱田髙樹さん、数々の楽しいミーティングをありがとうございました。パンパンパーンと会話がつながる気持ちよさは日本一です！

ブックエージェントの糸井浩さん、長く幅広い付き合いに感謝しています。

カバーデザインの黒瀬佳澄さん、本文デザインの中原克則さん、ＤＴＰのセンターメディア・平山さん、短時間でプロ中のプロなお仕事を有難うございました。青春出版社の小澤康良さん、営業部・プロモーション部の皆さん、そして、出版管理部門・篠原友美さんと印刷＆製本の共同印刷・正木篤夫さんには今回は環境にやさしい紙でつくるということで走りまわっていただきました。ありがとうございます！

秘書の原三由紀へ、また本書の事例企業のスタッフの方お一人おひとりへ、最大級のリスペクトとお礼を。心から感謝しています。

また、この執筆中に倒れた母は、私に「世界的な視野で社会に貢献するための教育」を受けさせてくれました。母なしでは決して生まれなかった一冊です。本当にありがとう！

著者紹介

村尾隆介　Ryusuke Murao
「中小企業もブランド戦略」を根付かせたブランディングの第一人者。企業・店舗・地域のプロデュース業で世界を飛びまわる。著書は国内外で20冊以上。『安売りしない会社はどこで努力しているか』（大和書房）は超ロングセラーに。ネバダ州立大学政治学科卒業後、本田技研工業に入社。その頃から社会貢献にも熱心でオリジナリティ溢れるチャリティに関心が集まる。通信制高校で教壇にも立つ日々の中、「高校生と中小企業に、もっとSDGsを」と使命を語る。
今さら聞けないSDGsの基本から、取り組み方がわからないという人のために、豊富な中小企業の事例をもとに書き下ろしたのが本書である。「これならできる！」と目からウロコが落ちるアイデア満載の一冊。

今日《きょう》からできる！ 小《ちい》さな会社《かいしゃ》のSDGs《エスディジーズ》

2020年6月1日　第1刷

著　　者　村《むら》尾《お》隆《りゅう》介《すけ》
発 行 者　小澤源太郎

責任編集　株式会社 プライム涌光
電話　編集部　03(3203)2850

発 行 所　株式会社 青春出版社
東京都新宿区若松町12番1号 〒162-0056
振替番号　00190-7-98602
電話　営業部　03(3207)1916

印　刷　共同印刷　　製　本　共同印刷

万一、落丁、乱丁がありました節は、お取りかえします。

ISBN978-4-413-23157-2 C0030

朝30分早く起きるだけで仕事も人生もうまく回りだす
「夜型だった」自分が残業0、収入3倍、自分の時間10倍になった黄金時間活用術
菊原智明

朝1分！「顔の骨トレ」で10歳若くなる！
「しみやたるみ」は骨の老化が原因だった
山本江示子　山本慎吾［監修］

なぜ、身近な関係ほどこじれやすいのか？
心に溜まったモヤモヤが晴れてくる！アサーティブの魔法
森田汐生

うつがよくなる食べ物、悪くなる食べ物
図で見てわかるオーソモレキュラー栄養療法
溝口　徹

AIを超える！
子どもの才能は「脳育体操」で目覚めさせる！
南　友介　泉原嘉郎［監修］

青春出版社の四六判シリーズ

世界に出ても負けない子に育てる
ビジネス、スポーツ、人生で求められる4つの力の伸ばし方
玉井満代

いつでも100％の力を発揮できる心の整え方
東　篤志

科学はこう「たとえる」とおもしろい！
左巻健男

脳が忘れない英語の「超」勉強法
16万人の脳画像を見てきた脳医学者が自ら実践！
瀧　靖之

巣立っていく君へ母から息子への50の手紙
覚えていてほしいこと、今、贈るね
若松亜紀

お願い　ページわりの関係からここでは一部の既刊本しか掲載してありません。
折り込みの出版案内もご参考にご覧ください。